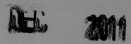 

1000 IDÉES
DE BIJOUX

1000 IDÉES
DE BIJOUX

PERLES, COLIFICHETS, PENDENTIFS ET CHAÎNES

SANDRA SALAMONY

Broquet

Catalogage avant publication de Bibliothèque et Archives
nationales du Québec et Bibliothèque et Archives Canada

Salamony, Sandra

1000 idées de bijoux

Traduction de : 1000 jewelry inspirations.

ISBN 978-2-89654-248-2

1. Bijoux - Fabrication. I. Titre. II. Titre : Mille idées de bijoux.

TT212.S2414 2011   739.27   C2011-940368-4

POUR L'AIDE À LA RÉALISATION DE SON PROGRAMME ÉDITORIAL, L'ÉDITEUR REMERCIE :
Le Gouvernement du Canada par l'entremise du Programme d'aide au développement
de l'industrie de l'édition (PADIÉ) ; la Société de développement des entreprises culturelles
(SODEC) ; l'Association pour l'exportation du livre canadien (AELC).
Le Gouvernement du Québec - Programme de crédit d'impôt pour l'édition de livres
- Gestion SODEC.

Titre original : *1000 jewelry inspirations.*
Quarry Books, filiale de Quayside Publishing Group
100 Cummings Center
Suite 406-L
Beverly, Massachusetts 01915-6101
Téléphone : (978) 282-9590
Télécopieur : (978) 283-2742
www.quarrybooks.com

Couverture et maquette intérieure : Sandra Salamony

Contenu des pages 302 à 311 adapté de Making Designer Bead and Wire Jewelry
(Quarry Books, 2005)

Illustrations : Judy Love

Pour l'édition canadienne en langue française
Copyright © Ottawa 2011 Broquet inc.
Dépôt légal - Bibliothèque et Archives nationales du Québec
2e trimestre 2011

Traduction : Jean Roby et Christiane Laramée
Révision : Diane Martin
Infographie : Chantal Greer et Annabelle Gauthier

ISBN 978-2-89654-248-2

Imprimé en Chine

Dédié aux centaines d'artistes qui ont contribué à ce livre.
Ils m'ont inspirée et j'espère qu'ils vous inspireront aussi.

contenu

introduction

Qu'est-ce qui rend un bijou spécial ?

Quand on crée des bijoux à la main, l'individualisation de la pièce est ce qui la distingue de l'ordinaire : incorporer une perle d'époque, un objet trouvé, une image chérie ou même un fragment de chandail recyclé ou de tissu favori. Parfois, c'est la mise en œuvre d'une technique qui sort des sentiers battus ou la conception autour d'un usage vibrant de la couleur, de la texture ou du contraste qui rend le bijou unique. Contrairement à l'achat de bijoux produits en masse, la fabrication d'une pièce originale de ses mains est vraiment la création d'un art portable.

Ce livre présente une fantastique collection de bijoux originaux créés par des artistes du monde entier. Choisies pour les détails de leur création ou leur esthétique générale, ces œuvres utilisent des techniques comme le collage, le filigrane, le soufflage du verre et le tissage ; des matériaux comme le papier, le tissu, le fil métallique, les perles, l'argile et la peinture ; et des styles qui vont du classique jusqu'au dramatique. Certaines pièces sont d'une simplicité désarmante, d'autres sont exquises par leur superposition sophistiquée

de couleurs et de techniques. Et la beauté de la chose, c'est que, quoique la plupart des artistes d'une section donnée aient eu les mêmes matériaux bruts au départ, les résultats sont merveilleusement variés.

Explorez ces pages à votre rythme et laissez la créativité des artistes inspirer votre prochain projet. Une combinaison inhabituelle de couleurs vous accrochera peut-être l'œil, à moins que vous ne soyez tenté par l'essai d'une nouvelle technique. Ce livre est une galerie d'inspirations et comprend aussi un guide des techniques de base de la fabrication de bijoux pour faciliter vos premiers pas. Développez vos capacités et révélez votre personnalité en intégrant de nouvelles idées et de la fantaisie dans vos bijoux maison. Amusez-vous bien !

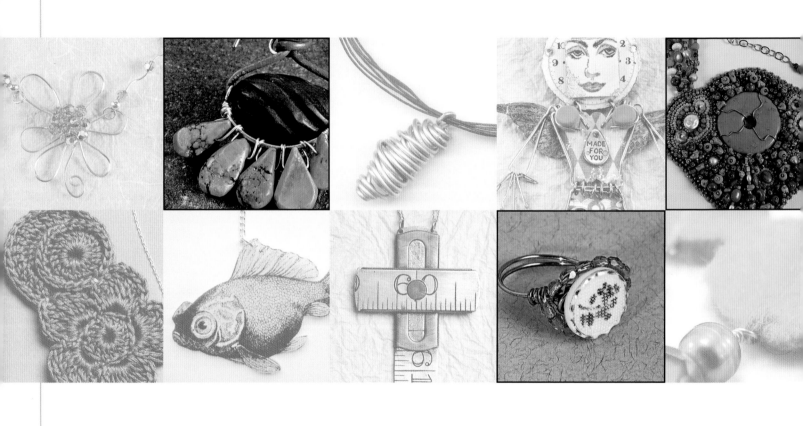

perles et colifichets

0001–0313

0001 KINCAIDESIGNS

0002 McFARLAND DESIGNS

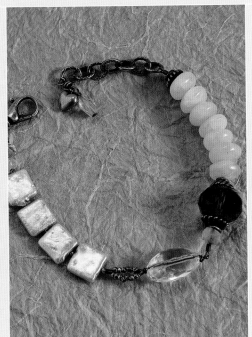

0003 MARY L. SOISSON,
WWW.BELLEDESIGNS.NET

0004 NICOLE NOELLE

0005 NICOLE NOELLE

0006 KELLIOPE

0007 MODERNJEWELRYART.COM

0008 HELOISE

0009 CAROL A. BABINEAU, ART CLAY STUDIO
PERLES DE VERRE SOUFFLÉ PAR LILIANA GLENN

0010 GIRLIE GIRLS JEWELRY STUDIO

0011 SHARON MUTTOO

0012 McFARLAND DESIGNS

0013　PAPER FLOWER GIRL

0014 BEAD JEWELRY BY SHOPGIRL

0015 BEAD JEWELRY BY SHOPGIRL

0016 BEAD JEWELRY BY SHOPGIRL

0017 BEAD JEWELRY BY SHOPGIRL
PERLES DE VERRE SOUFFLÉ PAR LINDA JAMES

0018 KIARA M. McNULTY

0019 KATHLEEN MALEY

0020 KELLIOPE

0021 GIRLIE GIRLS JEWELRY STUDIO

0022 KELLIOPE

0023 KIARA M. McNULTY

0024 SUSAN KUSLANSKY, GODSAGA JEWELRY

0025 TERRY L. CARTER

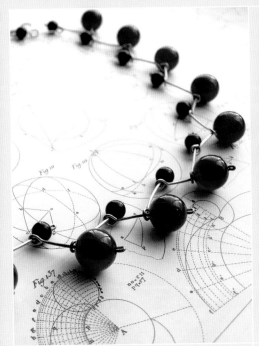

0026 AMY BOLING

0027 SHARI BONNIN

0028 CHERI AUERBACH

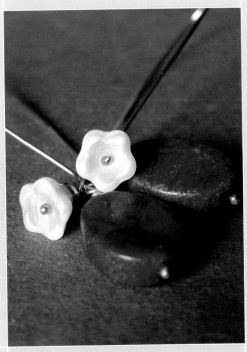

0029 SHARI BONNIN

0030 TAMMY POWLEY

0031 PAPER FLOWER GIRL

0032 TAMMY POWLEY

0033 TAMMY POWLEY

0034 BEAD JEWELRY BY SHOPGIRL

0035 MICHELLE LAMBERT

0036 BEAD JEWELRY BY SHOPGIRL
CONCEPT DU DESIGN PAR JILL GANDOLFINI; PERLE DE VERRE SOUFFLÉ PAR LINDA JAMES

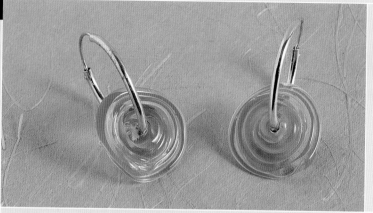

0037 JENNIFER SYFU

0038 MARIE F. FIEDRICH, CERCA TROVA

0039 PHAEDRA A. TORRES, LLUVIA DESIGNS

0040 RICKIE VOGES DESIGN
VERRE SOUFFLÉ PAR MELANIE MOERTEL, MELANIE.MOERTEL GLASPERLEN

0041 MIA GOFAR JEWELRY

0042 KIARA M. McNULTY

0043 JENNIFER SHIBONA

0044 PHAEDRA A. TORRES, LLUVIA DESIGNS

0045 **RICKIE VOGES DESIGN**
VERRE SOUFFLÉ PAR DAWN WHITE, DUDA DESIGNS

0046 **WANDRDESIGN BY WENDY**

0047 **MICALLA JEWELRY AND DESIGNS, CAMILLA JØRGENSEN**
PHOTO PAR CARLOS DAVILA

0048 **DIANA SAMPER**

0049 STONZ

0050 STONZ

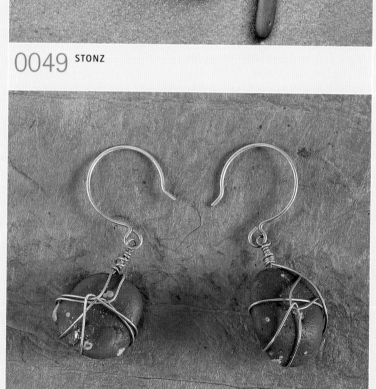

0051 MELANI WILSON DESIGNS

0052 DIANA SAMPER

0053 STONZ

0054 MANDALA JEWELS,
MANDALAJEWELS.ETSY.COM

0055 LISA LAMPE

0056 TAMMY POWLEY

0057 THERESA MINK DESIGNS

0058 CYNDI LAVIN

0059 JADES CREATIONS, HANDCRAFTED JEWELRY

0060 LISA LAMPE

0061 McFARLAND DESIGNS

0062 RICKIE VOGES DESIGN
VERRE SOUFFLÉ PAR CARRIE BERRY,
HARDWOOD TRAIL GLASS

0063 THERESA MINK DESIGNS

0064 RHONA FARBER,
OVERTHEMOONJEWELRY.COM

0065 PEGGY PRIELOZNY

0066 TAMMY POWLEY

0067 KAY LANCASHIRE, KAY'S ARTYCLES

0068 **RICKIE VOGES DESIGN**
VERRE SOUFFLÉ PAR KIMBERLY LYNN, KIMBEADS

0069 **SHERRI FORRESTER**

0070 **LISA LAMPE**

0071 **TRACY H. THOMASSON**

0072 KAY LANCASHIRE, KAY'S ARTYCLES

0073 MOOD SWING

0074 NATALIE MAGARIAN, PASHUPATINA

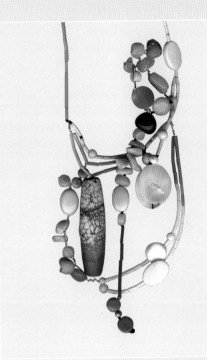

0075 NATALIE MAGARIAN, PASHUPATINA

0076 NATALIE MAGARIAN, PASHUPATINA

0077 NATALIE MAGARIAN, PASHUPATINA

0078 NATALIE MAGARIAN, PASHUPATINA

0079 NATALIE MAGARIAN, PASHUPATINA

0080 JENNIFER SYFU

0081 McFARLAND DESIGNS

0082 McFARLAND DESIGNS

0083 AMY BOLING

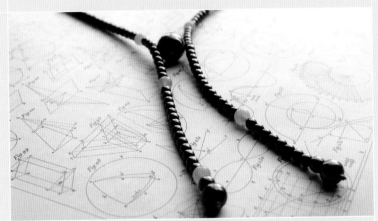

0084 AMY BOLING

0085 LILI HALL, ARTEFACT

0086 McFARLAND DESIGNS

0087 MANDALA JEWELS,
MANDALAJEWELS.ETSY.COM

0088 MANDALA JEWELS,
MANDALAJEWELS.ETSY.COM

0089 MANDALA JEWELS,
MANDALAJEWELS.ETSY.COM

0090 MANDALA JEWELS,
MANDALAJEWELS.ETSY.COM

0091 MANDALA JEWELS,
MANDALAJEWELS.ETSY.COM

0092 CYNDI LAVIN

0093 NICHOLE HILTS, BEVERLYBIJOU

0094 KATHLEEN MALEY

0095 SALLY NUNNALLY

0096 AGNES ARUCAN

0097 AGNES ARUCAN

0098 KINCAIDESIGNS

0099 MARIE F. FIEDRICH, CERCA TROVA
PERLES DE VERRES RONDES PAR MELISSA PERRY McQUILKIN/WHITNEY STREET STUDIO
PERLES RECTANGULAIRES PAR ANGELA BERNARD/GENERATIONS LAMPWORKBEADS

0100 YAEL MILLER DESIGN

0101 SARAH GORDEN, SOJOURN CURIOSITIES

0102 RANDI SAMUELS

CYNDI LAVIN

0104 KINCAIDESIGN

0105   BEAD JEWELRY BY SHOPGIRL

0106   BEAD JEWELRY BY SHOPGIRL

0107   LILLIE WOLFF DESIGNS

0108   KIARA M. McNULTY

0109   AGNES ARUCAN

0110   McFARLAND DESIGNS

0111   BEAD JEWELRY BY SHOPGIRL

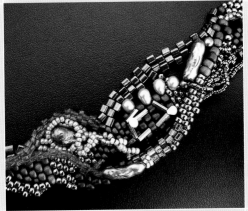

0112   BEAD JEWELRY BY SHOPGIRL

0113   BEAD JEWELRY BY SHOPGIRL

0114 JENNI PAGANO

0115 LILLIE WOLFF DESIGNS

0116 ERIN SARGEANT, LIKE A FOX

0117 BEAD JEWELRY BY SHOPGIRL

0118 TAMMY POWLEY

0119 MANDALA JEWELS,
MANDALAJEWELS.ETSY.COM

0120 PHAEDRA A. TORRES, LLUVIA DESIGNS

0121 KIARA M. McNULTY

0122 RICKIE VOGES DESIGN
VERRE SOUFFLÉ PAR KIMBERY LYNN, KIMBEADS

0123 BEAD JEWELRY BY SHOPGIRL

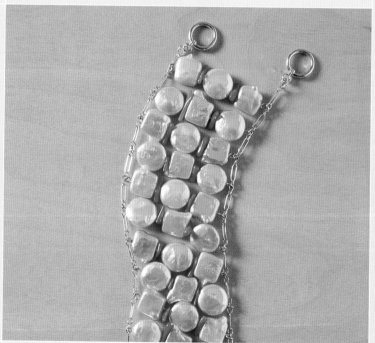

0124 NICOLE NOELLE

0125 NICOLE NOELLE

0126 JENNI PAGANO

0127 MICALLA JEWELRY AND DESIGNS, CAMILLA JØRGENSEN
PHOTO PAR CARLOS DAVILA

0128 McFARLAND DESIGNS

0129 **MARIE F. FIEDRICH, CERCA TROVA**
PERLE FOCALE FABRIQUÉE PAR BERNADETTE FUENTES;
PERLES DE VERRE DÉPOLI PAR ANGELA "GELLY" DAVIS

0130 **MONA SONG DESIGNS**

0131 **KATHLEEN MALEY**

0132 **MARIE F. FIEDRICH, CERCA TROVA**
PERLES DE VERRE SOUFFLÉ PAR CHET CORNELIUSON/BCLAMPWORK

0133 **MARIE F. FIEDRICH, CERCA TROVA**
PERLES DE VERRE SOUFFLÉ PAR ANGELA "GELLY" DAVIS

0134 BEAD JEWELRY BY SHOPGIRL

0135 BEAD JEWELRY BY SHOPGIRL

0136 JANET BASKERVILLE, JBASK ARTS
PHOTO PAR MICHAEL J. JOYCE

0137 KIARA M. McNULTY

0138 BELLE POUR LA VIE, BELLEPOURLAVIE.COM

0139 **RENEE THOMAS**
PERLES DE VERRE SOUFFLÉ PAR HEATHER DAVIS, ROSES SCULPTÉES PAR D. JEAN VAINIO

0140 TAMMY POWLEY

0141 BELLE POUR LA VIE,
BELLEPOURLAVIE.COM

0142 JENNI PAGANO

0143 CHERI AUERBACH

0144 MANDALA JEWELS,
MANDALAJEWELS.ETSY.COM

0145 BEAD JEWELRY BY SHOPGIRL

0146 **RICKIE VOGES DESIGN**
VERRE SOUFFLÉ PAR JENA FULCHER, JENAGIRL BEADS

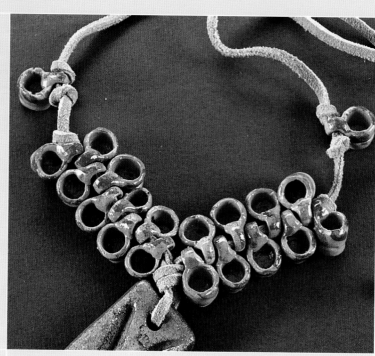

0147 PHAEDRA A. TORRES, LLUVIA DESIGNS

0148 GIRLIE GIRLS JEWELRY STUDIO

0149 GIRLIE GIRLS JEWELRY STUDIO

0150 STUDIO47WEST

0151 KIARA M. McNULTY

0152 CHERI AUERBACH

0153 LINDSAY STREEM

0154 McFARLAND DESIGNS

0155 SARAH GORDEN,
SOJOURN CURIOSITIES

0156 JENNI PAGANO

0157 KIARA M. McNULTY

0158 HELOISE

0159 McFARLAND DESIGNS

0160 PAPER FLOWER GIRL

0161 MANDALA JEWELS, MANDALAJEWELS.ETSY.COM

0162 DEBORAH FRANKS,
ARTWORKS.ETSY.COM

0163 STUDIO47WEST

0164 TAMMY POWLEY

0165 TAMMY POWLEY

0166 LISA LAMPE

0167 NICOLE NOELLE

0168 TAMMY POWLEY

0169 MIA GOFAR JEWELRY

0170 BEAD JEWELRY BY SHOPGIRL

0171 YAEL MILLER DESIGN

0172 JQ JEWELRY DESIGNS

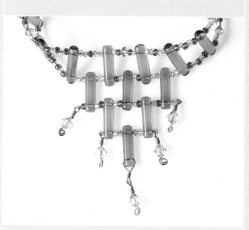

0173 MIA GOFAR JEWELRY

0174 BEAD JEWELRY BY SHOPGIRL

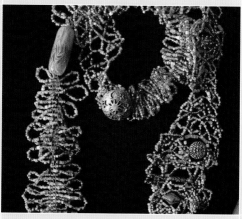

0175 JANET BASKERVILLE, JBASK ARTS
PHOTO PAR MICHAEL J. JOYCE

0176 CHERI AUERBACH

0177 TAMMY POWLEY

0178 AGNES ARUCAN

0179 PAPER FLOWER GIRL

0180 BELLE POUR LA VIE,
BELLEPOURLAVIE.COM

0181 JQ JEWELRY DESIGNS

0182 JQ JEWELRY DESIGNS

0183 SUSAN D. WIMBLEY

0184 SARAH GORDEN,
SOJOURN CURIOSITIES

0185 MARY L. SOISSON,
BELLEDESIGNS.NET

0186 MOOD SWING

0187 MELANI WILSON DESIGNS

0188 JENNIFER SYFU

0189 PHAEDRA A. TORRES,
LLUVIA DESIGNS

0190 SARAH GORDEN,
SOJOURN CURIOSITIES

0191 SARAH GORDEN,
SOJOURN CURIOSITIES

0192 ROCCA DESIGNS,
CAROLINA ESTRADA

0193 JANET BASKERVILLE, JBASK ARTS
PHOTO PAR MICHAEL J. JOYCE

0194 AGNES ARUCAN

0195 AGNES ARUCAN

0196 ERIN SARGEANT

0197 THERESA MINK DESIGNS

0198 MONA SONG DESIGNS

0199 WANDRWEDDING BY WENDY

0200 SARAH GORDEN,
SOJOURN CURIOSITIES

0201 KELLIOPE

1000 IDÉES DE BIJOUX

0202 SARAH GORDEN, SOJOURN CURIOSITIES

0203 MARIE F. FIEDRICH, CERCA TROVA
PERLES PAR ANGELA "GELLY" DAVIS

0204 SUSAN D. WIMBLEY

0205 GIRLY GIRLS JEWELRY STUDIO

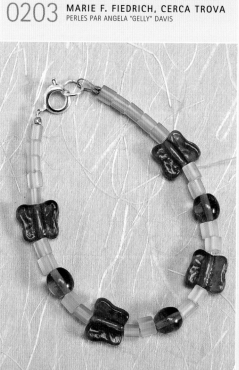

0206 JADES CREATIONS HANDCRAFTED JEWELRY

0207 MICALLA JEWELRY AND DESIGNS, CAMILLA JØRGENSEN
PHOTO PAR CARLOS DAVILA

0208 DEBORAH FRANKS, ARTWORKS.ETSY.COM

0209 KIONA WILSON, LUCKY ACCESSORIES

0210 PRECIOUS MESHES, EMILY CONROY

0211 KAY DANIELS, KAY DESIGNS

0212 JADES CREATIONS
HANDCRAFTED JEWELRY

0213 KIARA M. McNULTY

0214 SALLY NUNNALLY

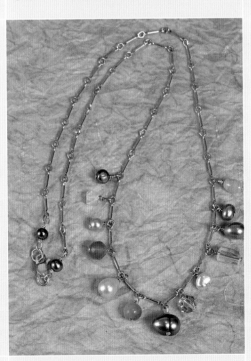

0215 RHONA FARBER

0216 MARIE F. FIEDRICH, CERCA TROVA

0217 ERIN SARGEANT, LIKE A FOX

0218 TAMMY POWLEY

0219 BEAD JEWELRY BY SHOPGIRL

0220 MIA GOFAR JEWELRY

0221   SUZANNE L. HELWIG

0222 TAMMY POWLEY

0223 TAMMY POWLEY

0224 PAM KARABINOS,
MYSMYRRH DESIGNS
PHOTO PAR STEPHANIE BRIGGS, BRIGGS PHOTOGRAPHY

0225 TAMMY POWLEY

0226 TAMMY POWLEY

0227 TAMMY POWLEY

0228 TAMMY POWLEY

0229 RUPAR FISCHER

0230 KATE FERRANT

0231 CYNDY KLEIN

0232 HEATHER MANN

0233 BELLE POUR LA VIE, BELLEPOURLAVIE.COM

0234 DAWN M. LOMBARD, LAVENDER DAWN

0235 KIONA WILSON, LUCKY ACCESSORIES

0236 DAPHNE "D.D." HESS

0237 JOANNE STREHLE BAST

0238 TAMMY POWLEY

0239 CHERI AUERBACH

0240 JOANNE STREHLE BAST

0241 TAMMY POWLEY

0242 RICKIE VOGES DESIGN
VERRE SOUFFLÉ PAR ANDREA VENSCHOTT,
ANNAKALILLY'S HANDGERABEITETE GLASPERLEN

0243 SHIHO YAMASHITA

0244 TAMMY POWLEY

0245 **TAMMY POWLEY**

0246 McFARLAND DESIGNS

0247 **MICALLA JEWELRY AND DESIGNS, CAMILLA JØRGENSEN**
PHOTO PAR CARLOS DAVILA

0248 **JANICE PARSONS**

0249 **MONA SONG DESIGNS**

0250 **DAWN CECCACCI**

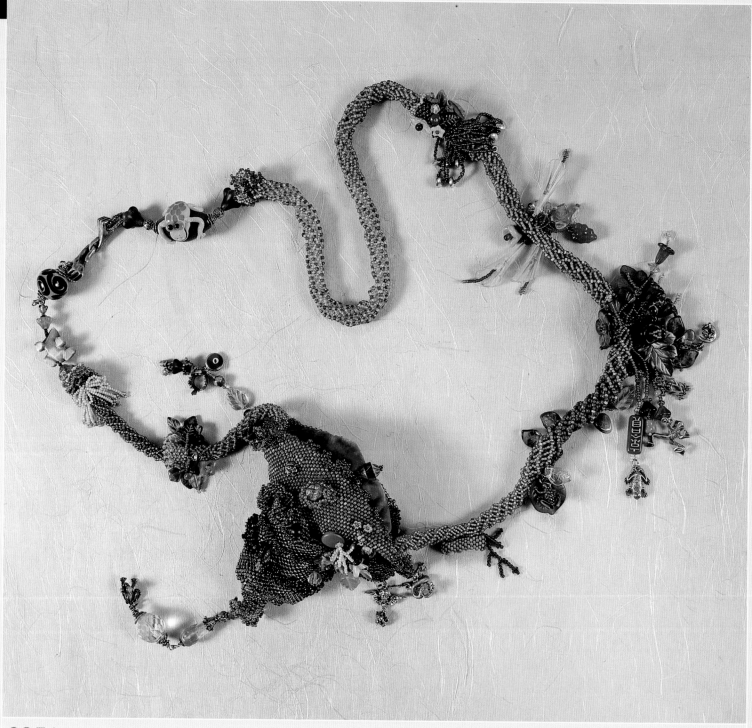

0251   MARCIA ACKER-MISSALL

0252 **DANA LYNN DRISCOLL**

0253 **TAMMY POWLEY**

0254 **BRENDA HOFFMAN**

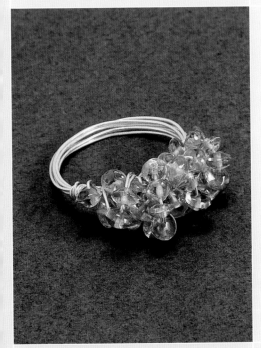

0255 **ROCCA DESIGNS, CAROLINA ESTRADA**

0256 **JENNIFER SYFU**

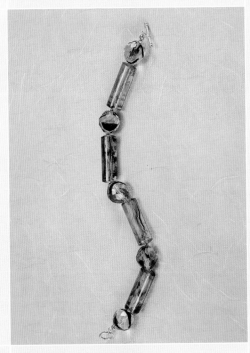

0257 **SALLY NUNNALLY**

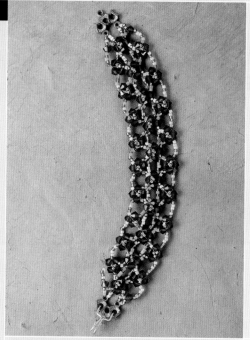

0258 SARAH J. BABINEAU

0259 TAMMY POWLEY

0260 LISA NIVEN KELLY

0261 JENNIFER SYFU

0262 KINCAIDESIGNS

0263 TAMMY POWLEY

0264 MARCIA ACKER-MISSALL

0265 **RICKIE VOGES DESIGN**
VERRE SOUFFLÉ PAR MELANIE MOERTEL, MELANIE.MOERTEL GLASPERLEN

0266 **THERESA MINK DESIGNS**

0267 **LISA LAMPE**

0268 NICOLE NOELLE

0269 NICOLE NOELLE

0270 NICOLE NOELLE

0271 STUDIO47WEST

0272 NICOLE NOELLE

0273 NICOLE NOELLE

0274 McFARLAND DESIGNS

0275 NICOLE NOELLE

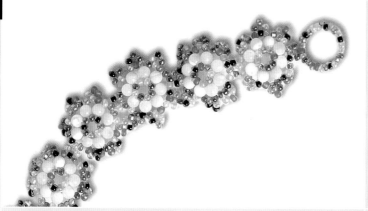

0276 SHIHO YAMASHITA

0277 STUDIO47WEST

0278 TAMMY POWLEY

0279 DAWN M. LOMBARD, LAVENDER DAWN

0280 DANA LYNN DRISCOLL

0281 MANDALA JEWELS, MANDALAJEWELS.ETSY.COM

0282 MICALLA JEWELRY AND DESIGNS, CAMILLA JØRGENSEN
PHOTO PAR CARLOS DAVILA

0283 CHERI AUERBACH

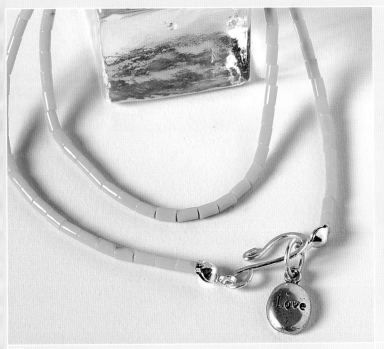

0284 TAMMY POWLEY

0285 TAMMY POWLEY

0286 JESSICA NEAVES

0287 PAPER FLOWER GIRL

0288 NICOLE NOELLE

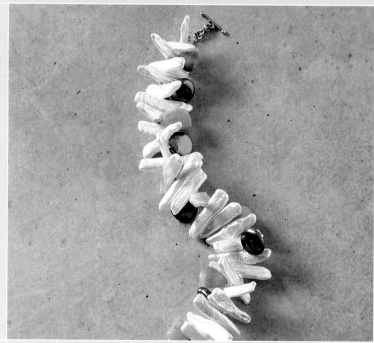

0289 NICOLE NOELLE

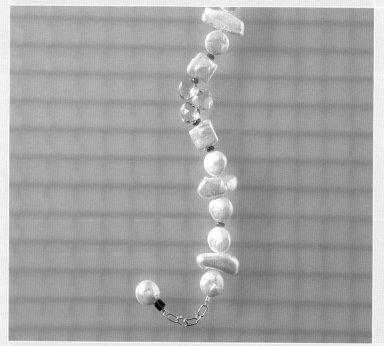

0290 NICOLE NOELLE

0291 NICOLE NOELLE

0292 NICOLE NOELLE

0293 RELISHDRESS

0294 HALLE GUSTAFSON

0295 MOOD SWING

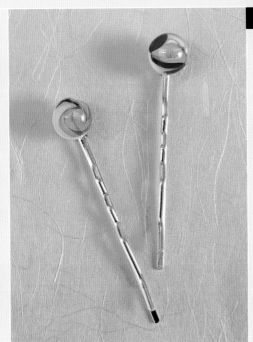

0296 JENNIFER SYFU

0297 NICOLE NOELLE

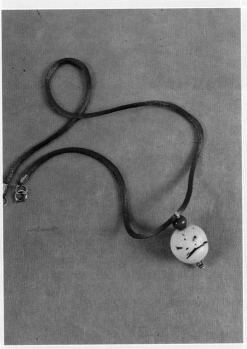

0298 DIANA SAMPER

0299 DAWN BARKER,
HARDFLOWER STUDIOS

0300 GIRLIE GIRLS JEWELRY STUDIO

0301 DIANA SAMPER

0302 KIARA M. McNULTY

0303 MARCIA ACKER–MISSALL

0304 STEPHANIE RIGER JEWELRY, STEPHANIERIGER.COM

0305 MARIE F. FIEDRICH, CERCA TROVA

0306 DAWN M. LOMBARD, LAVENDER DAWN

0308 RHONA FARBER,
OVERTHEMOONJEWELRY.COM

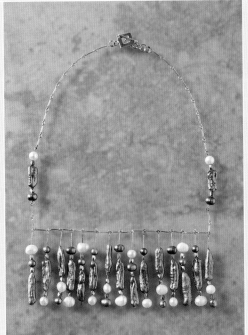

0309 NICOLE NOELLE

0310 BRUNA VASCONCELOS

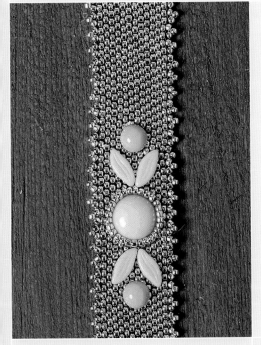

0311 RUPAR FISCHER

0312 NICOLE NOELLE

0313 MONA SONG DESIGNS

papier et
techniques mixtes

chapitre 2

0314 ELIZABETH GLASS GELTMAN
ET RACHEL GELTMAN

0315 AMY HELM

0316 MAGGIE KRAWCZYK,
NEOGAMI ORGANIC JEWELRY,
NEOGAMI.COM

0317 JANET BASKERVILLE, JBASK ARTS
PHOTO PAR MICHAEL J. JOYCE

0318 ELIZABETH GLASS GELTMAN
ET RACHEL GELTMAN

0319 ANN WIDNER

0320 VICKIE ZUMPF

0321 SANDRA TATSUKO KADOWAKI

0322 MODERNJEWELRYART.COM

0323 NANCY ANDERSON,
SWEET BIRD STUDIO

0324 HELOISE

0325 SANDRA TATSUKO KADOWAKI

0326 ANA PEREIRA

0327 **TAMMY POWLEY**

0328 NANCY ANDERSON, SWEET BIRD STUDIO

0329 NANCY ANDERSON, SWEET BIRD STUDIO

0330 NANCY ANDERSON, SWEET BIRD STUDIO

0331 NANCY ANDERSON, SWEET BIRD STUDIO

0332 NANCY ANDERSON, SWEET BIRD STUDIO

0333 IVORY EILEEN, PAPER ORGANICS JEWELRY

0334 IVORY EILEEN, PAPER ORGANICS JEWELRY

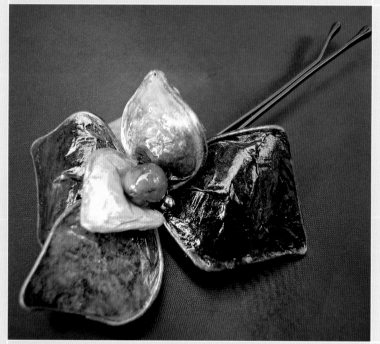

0335 IVORY EILEEN, PAPER ORGANICS JEWELRY

0336 IVORY EILEEN, PAPER ORGANICS JEWELRY

0337 IVORY EILEEN, PAPER ORGANICS JEWELRY

0338 **HALLIGAN NORRIS**
PHOTO PAR JOSH GOLEMAN

0339 **HALLIGAN NORRIS**
PHOTO PAR JOSH GOLEMAN

0340 **HALLIGAN NORRIS**
PHOTO PAR JOSH GOLEMAN

0341 **HALLIGAN NORRIS**
PHOTO PAR JOSH GOLEMAN

0342 **JULIA ANDRUS**

0343 JENNIFER ACKERMAN, DILLON DESIGNS

0344 HI ANNIE DESIGNS

0345 JULIA ANDRUS

0346 ANN WIDNER

0347 LINDA O'BRIEN

0348 VANDA NORONHA, PARAPHERNALIA.NU

0349 TIGERGIRL.ETSY.COM

0350 JANE McGREGOR,
HAMILTON MORMINO

0351 BRUNA VASCONCELOS

0352 PHAEDRA A. TORRES,
LLUVIA DESIGNS

0353 CRISTINA MANHENTE

0354 TRACY H. THOMASSON

0355 PHAEDRA A. TORRES,
LLUVIA DESIGNS

0356 PHAEDRA A. TORRES, LLUVIA DESIGNS

0357 LAUREN E. OCHMAN, THE LOLA COLLECTION
PHOTO PAR PATRICIA WALSH

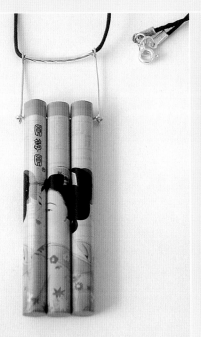

0358 TIGERGIRL.ETSY.COM

0359 LAUREN E. OCHMAN,
THE LOLA COLLECTION
PHOTO PAR PATRICIA WALSH

0360 DEBORAH FRANKS,
ARTWORKS.ETSY.COM

0361 JANET BASKERVILLE, JBASK ARTS
PHOTO PAR MICHAEL J. JOYCE

0362 VICKIE ZUMPF

0363 ANDREIA CUNHA MARTINS

0364   JANET HICKEY

0365 JULIA ANDRUS

0366 PRETTY•FUN

0367 STEPHANIE LEE

0368 CAROL KEMP, CAROL K. ORIGINALS

0369 NANCY ANDERSON, SWEET BIRD STUDIO

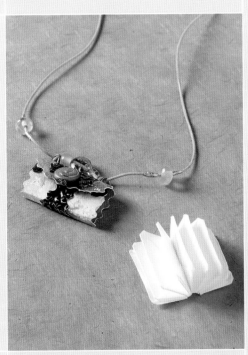

0370 CAROL KEMP, CAROL K. ORIGINALS

0371 CAROL KEMP, CAROL K. ORIGINALS

0372 CAROL KEMP, CAROL K. ORIGINALS

0373 AMY HELM

0374 LORI LARSON

0375 JENNIFER ACKERMAN, DILLON DESIGNS

0376 ELENA MARY SIFF, ELENAMARY.ETSY.COM

0377 PAM SANDERS

0378 MARCIA ACKER-MISSALL

0379 NANCY ANDERSON,
SWEET BIRD STUDIO

0380 JANET BASKERVILLE, JBASK ARTS
PHOTO PAR MICHAEL J. JOYCE

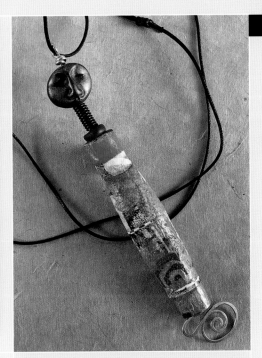

0381 PAM SANDERS

0382 IVORY EILEEN,
PAPER ORGANICS JEWELRY

0383 PRETTY•FUN

0384 JANET BASKERVILLE, JBASK ARTS
PHOTO PAR MICHAEL J. JOYCE

0385 PHAEDRA A. TORRES,
LLUVIA DESIGNS

0386 PHAEDRA A. TORRES,
LLUVIA DESIGNS

0387 PHAEDRA A. TORRES,
LLUVIA DESIGNS

0388 IVORY EILEEN,
PAPER ORGANICS JEWELRY

0389 LORI LARSON

0390 MODERNJEWELRYART.COM

0391 CAROL KEMP, CAROL K. ORIGINALS

0392 CAROL KEMP, CAROL K. ORIGINALS

0393 IVORY EILEEN,
PAPER ORGANICS JEWELRY

0394 WE DREAM IN COLOUR

0395 ELLENE McCLAY

0396 NANCY ANDERSON, SWEET BIRD STUDIO

0397 MOOD SWING

0398 PHAEDRA A. TORRES, LLUVIA DESIGNS

0399 TERI DEGINSTIEN, MIDNIGHTBLUART

0400 NANCY ANDERSON, SWEET BIRD STUDIO

0401 NANCY ANDERSON, SWEET BIRD STUDIO

0402 KIONA WILSON,
LUCKY ACCESSORIES

0403 JANE McGREGOR,
HAMILTON MORMINO

0404 STEPHANIE LEE

0405 LORI LARSON

0406 TARA MANNING FINLAY

0407 HELOISE

0408 MICHELA VERANI

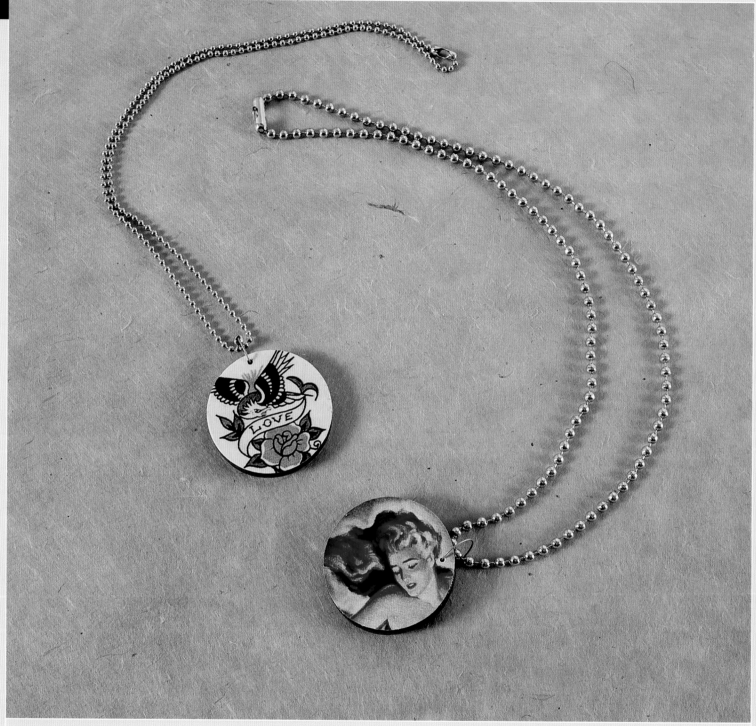

0409 PRETTY•FUN

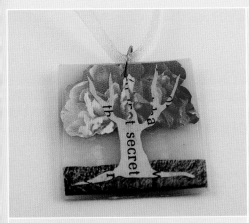

0410 TERI DEGINSTIEN, MIDNIGHTBLUART

0411 MIA GOFAR JEWELRY

0412 OPIE O'BRIEN

0413 WE DREAM IN COLOUR

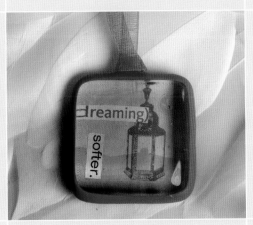

0414 LAUREN E. OCHMAN, THE LOLA COLLECTION
PHOTO PAR PATRICIA WALSH

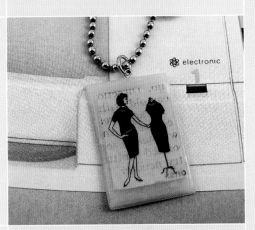

0415 TERI DEGINSTIEN, MIDNIGHTBLUART

0416 LAUREN E. OCHMAN, THE LOLA COLLECTION
PHOTO PAR PATRICIA WALSH

0417 DEBORAH BOGDAN, FLAWED FLOCK
PHOTO PAR MICHAEL BOGDAN

0418 THE WEEKEND STORE PAR ADJOWAH BRODY

0419 **JANET BASKERVILLE, JBASK ARTS**
PHOTO PAR MICHAEL J. JOYCE

0420 **WE DREAM IN COLOUR**

0421 **CAROL KEMP, CAROL K. ORIGINALS**

0422 **CAROL LISTENBERGER**

0423 **TARA MANNING FINLAY**

0424 **CAROL LISTENBERGER**

0425 CYNDI LAVIN

0426 PHAEDRA A. TORRES, LLUVIA DESIGNS

0427 ROSEBONBON

0428 AMY HELM

0429 SHARI BONNIN

0430 WE DREAM IN COLOUR

0431 JANET BASKERVILLE, JBASK ARTS
PHOTO PAR MICHAEL J. JOYCE

0432 ROSEBONBON

0433 IVORY EILEEN, PAPER ORGANICS JEWELRY

0434 DONNA GARSIDE CASON

0435 PHAEDRA A. TORRES, LLUVIA DESIGNS

0436 ELIZABETH GLASS GELTMAN, RACHEL GELTMAN
ET NOAH MACMILLAN

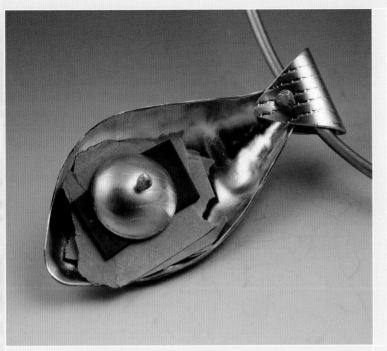

0437 ELIZABETH GLASS GELTMAN ET RACHEL GELTMAN

0438 LORI LARSON

0439 TARA MANNING FINLAY

0440 MICHELA VERANI

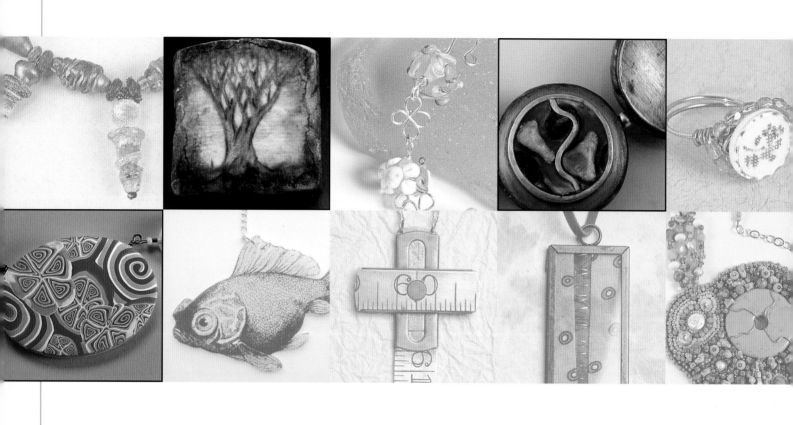

polymère et pâte à métaux précieux

chapitre 3

0441-0602

0441 SHANNON LeVART

0442 MICHELE GARRETT-GESING
PHOTO PAR CHRIS LAMBRIGHT

0443 LYNNE ANN SCHWARZENBERG

0444 SHANNON LeVART

0445 LORI SCOUTON

0446 LORI SCOUTON

0447 LORI SCOUTON

0448 MARCIA PALMER

0449 BETSY BAKER, STONEHOUSE STUDIO

0450 MAUREEN THOMAS DESIGNS

0451 LYNNE ANN SCHWARZENBERG

0452 MARCIA PALMER

0453 MARCIA PALMER

0454 MADE IN LOWELL

0455 DAWN BARKER,
HARDFLOWER STUDIOS

0456 DARLEEN BELLAN,
KISSMYSTAMP DESIGNS

0457 MARCIA PALMER

0458 BETSY BAKER,
STONEHOUSE STUDIO

0459 RACHEL PRYDEN

0460 SHANNON LeVART

0461 TERI DEGINSTIEN, MIDNIGHTBLUART

0462 TAMARA SHEA, BLOCK PARTY PRESS

0463 LITTLE SHEEP, LITTLESHEEP.ETSY.COM

0464 CANDY STILL

0465 STUDIO BIJOU

0466 TAMARA SHEA, BLOCK PARTY PRESS

0467 MARIA DIANA

0468 TAMARA SHEA, BLOCK PARTY PRESS

0469 MARCIA PALMER

0470 DAWN BARKER, HARDFLOWER STUDIOS

0471 MARIA DIANA

0472 MAUREEN THOMAS DESIGNS

0473 MICHELE GARRETT-GESING
PHOTO PAR CHRIS LAMBRIGHT

0474 TAMARA SHEA, BLOCK PARTY PRESS

0475 LYNNE ANN SCHWARZENBERG

0476 ANN ANTANAVAGE, MISS DANCEY PANTS

0477 TAMARA SHEA, BLOCK PARTY PRESS

0478 ADORN, SANDY SNEAD

0479 CANDY STILL

0480 BETSY BAKER, STONEHOUSE STUDIO

0481 MADE IN LOWELL

0482 SHANNON LeVART

0483 ADORN, SANDY SNEAD

0484 CANDY STILL

0485 MADE IN LOWELL

0486 **LAUREN E. OCHMAN, THE LOLA COLLECTION**
PHOTO PAR PATRICIA WALSH

0487 **LAUREN E. OCHMAN, THE LOLA COLLECTION**
PHOTO PAR PATRICIA WALSH

0488 **LAUREN E. OCHMAN, THE LOLA COLLECTION**
PHOTO PAR PATRICIA WALSH

0489 **LAUREN E. OCHMAN, THE LOLA COLLECTION**
PHOTO PAR PATRICIA WALSH

0490 LAUREN E. OCHMAN, THE LOLA COLLECTION
PHOTO PAR PATRICIA WALSH

0491 LAUREN E. OCHMAN, THE LOLA COLLECTION
PHOTO PAR PATRICIA WALSH

0492 LAUREN E. OCHMAN, THE LOLA COLLECTION
PHOTO PAR PATRICIA WALSH

0493 LAUREN E. OCHMAN, THE LOLA COLLECTION
PHOTO PAR PATRICIA WALSH

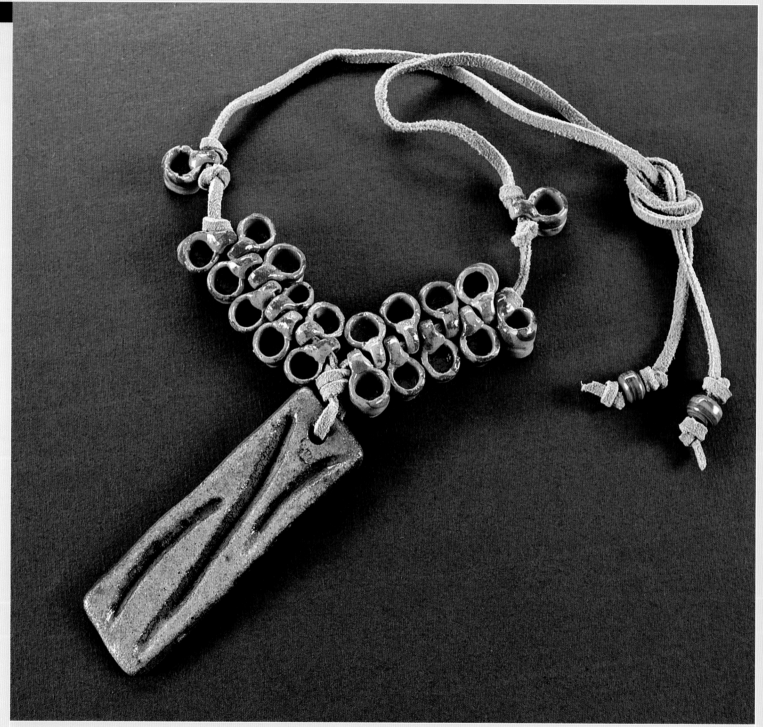

0494 PHAEDRA A. TORRES, LLUVIA DESIGNS

0495 BETSY BAKER,
STONEHOUSE STUDIO

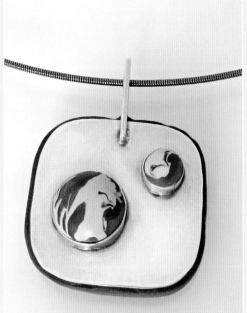

0496 BETSY BAKER,
STONEHOUSE STUDIO

0497 DAWN BARKER,
HARDFLOWER STUDIOS

0498 MARCIA PALMER

0499 JANA ROBERTS BENZON

0500 BETSY BAKER,
STONEHOUSE STUDIO

0501 DAWN BARKER,
HARDFLOWER STUDIOS

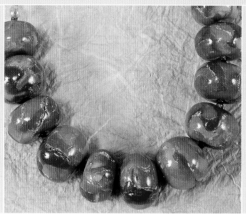

0502 DAWN BARKER,
HARDFLOWER STUDIOS

0503 DAWN BARKER,
HARDFLOWER STUDIOS

0504 MAUREEN THOMAS DESIGNS

0505 DAWN BARKER,
HARDFLOWER STUDIOS

0506 HOLLY PIPER-SMITH,
POLLYHYPER.ETSY.COM

0507 PAM SANDERS

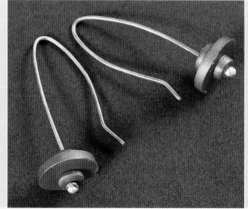

0508 DAWN BARKER,
HARDFLOWER STUDIOS

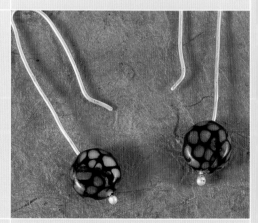

0509 DAWN BARKER,
HARDFLOWER STUDIOS

0510   GERALDINE NEWFRY

LYNNE ANN SCHWARZENBERG

0512 MARCIA PALMER

0513 MARCIA PALMER

0514 MARCIA PALMER

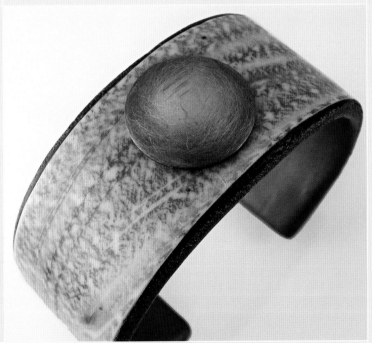

0515 BETSY BAKER, STONEHOUSE STUDIO

0516 MARCIA PALMER

0517 HOLLY PIPER-SMITH,
POLLYHYPER.ETSY.COM

0518 MICHELA VERANI

0519 BEAD JEWELRY BY SHOPGIRL

0520 TAMARA SHEA,
BLOCK PARTY PRESS

0521 DAWN BARKER,
HARDFLOWER STUDIOS

0522 MARIA DIANA

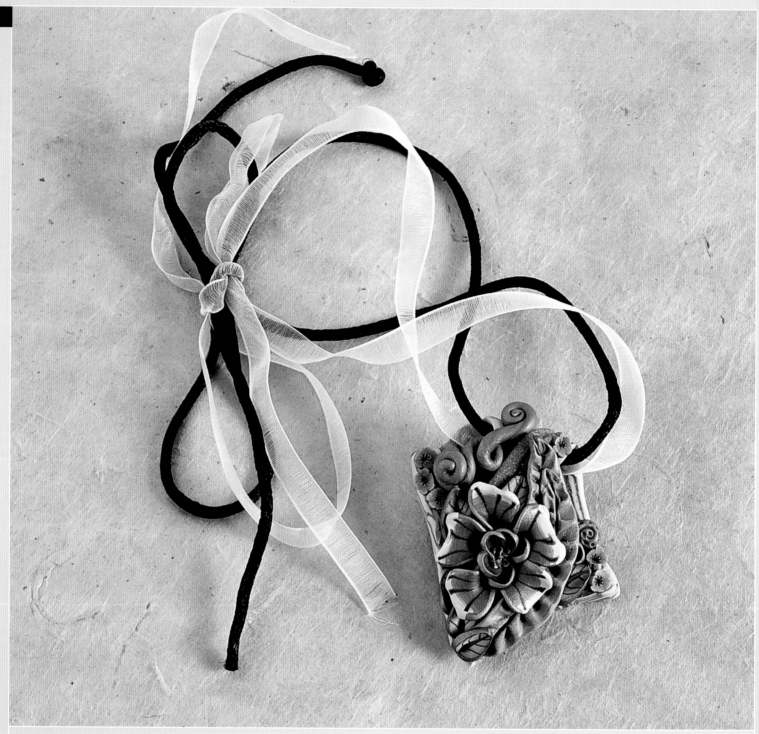

0523　ZUDA GAY PEASE, ZUDAGAY.ETSY.COM

0524 REBECCA TENACE,
CLAYARTIST.NET

0525 ANN ANTANAVAGE,
MISS DANCEY PANTS

0526 TAMARA SHEA,
BLOCK PARTY PRESS

0527 TAMARA SHEA,
BLOCK PARTY PRESS

0528 MICHELE GARRETT-GESING
PHOTO PAR CHRIS LAMBRIGHT

0529 MADE IN LOWELL

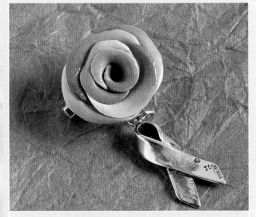

0530 REBECCA TENACE,
CLAYARTIST.NET

0531 TAMARA SHEA, BLOCK PARTY PRESS

0532 PAM SANDERS

0533 TAMARA SHEA,
BLOCK PARTY PRESS

0534 BEAD JEWELRY BY SHOPGIRL

0535 TAMARA SHEA,
BLOCK PARTY PRESS

0536 CANDY STILL

0537 MICHELE GARRETT-GESING
PHOTO PAR CHRIS LAMBRIGHT

0538 DAWN BARKER,
HARDFLOWER STUDIOS

0539 CAROL KEMP, CAROL K. ORIGINALS

0540 LYNNE ANN SCHWARZENBERG

0541 MICHELE GARRETT-GESING
PHOTO PAR CHRIS LAMBRIGHT

0542 LYNNE ANN SCHWARZENBERG

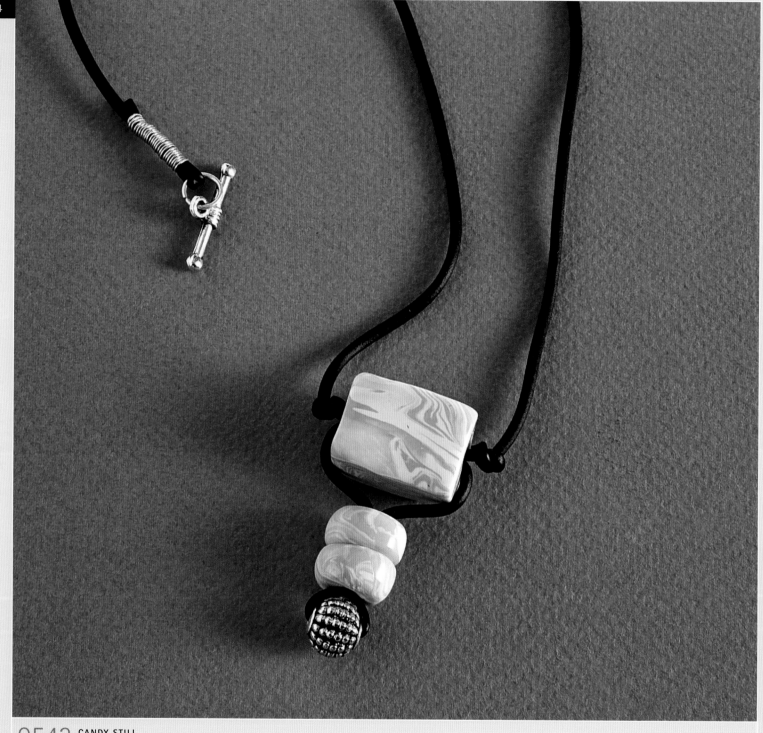

0543 CANDY STILL

0544 STUDIO BIJOU

0545 DAWN BARKER,
HARDFLOWER STUDIOS

0546 ZUDA GAY PEASE,
ZUDAGAY.ETSY.COM

0547 ANN ANTANAVAGE,
MISS DANCEY PANTS

0548 MAUREEN THOMAS DESIGNS

0549 MADE IN LOWELL

0550 ZUDA GAY PEASE,
ZUDAGAY.ETSY.COM

0551 SHANNON LeVART

0552 CANDY STILL

0553 LESYA BINKIN

0554 MADE IN LOWELL

0555 REBECCA TENACE,
CLAYARTIST.NET

0556 MADE IN LOWELL

0557 INEDIBLE JEWELRY

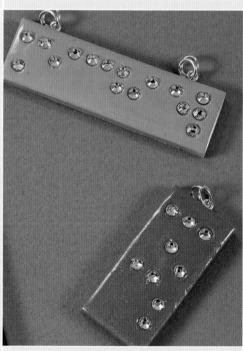

0558 JULIE DUTT,
JULIE*ANN HANDMADE GOODS

0559 ANN ANTANAVAGE, MISS DANCEY PANTS

0560 MAUREEN THOMAS DESIGNS

0561 BETSY BAKER, STONEHOUSE STUDIO

0562 ADORN, SANDY SNEAD

0563 JANA ROBERTS BENZON

0564 STUDIO BIJOU

0565 STUDIO BIJOU

0566 MICHELE GARRETT-GESING
PHOTO PAR CHRIS LAMBRIGHT

0567 BETSY BAKER, STONEHOUSE STUDIO

0568 MARCIA PALMER

0569 HOLLY PIPER–SMITH, POLLYHYPER.ETSY.COM

0570 DAWN BARKER, HARDFLOWER STUDIOS

0571 BETSY BAKER, STONEHOUSE STUDIO

0572 BETSY BAKER, STONEHOUSE STUDIO

0573 JANA ROBERTS BENZON

0574 JANA ROBERTS BENZON

0575 JANA ROBERTS BENZON

0576 JANA ROBERTS BENZON

0577 JANA ROBERTS BENZON

0578 LESYA BINKIN

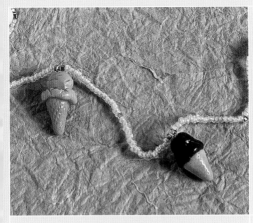

0579 INEDIBLE JEWELRY

0580 MADE IN LOWELL

0581 HOLLY PIPER-SMITH,
POLLYHYPER.ETSY.COM

0582 DAWN BARKER,
HARDFLOWER STUDIOS

0583 INEDIBLE JEWELRY

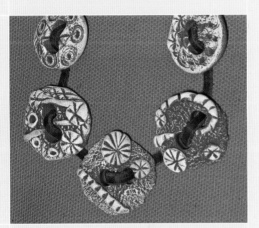

0584 TANYA BESEDINA

0585 HOLLY PIPER-SMITH,
POLLYHYPER.ETSY.COM

0586 JULIE DUTT,
JULIE*ANN HANDMADE GOODS

0587 INEDIBLE JEWELRY

0588 JULIE DUTT,
JULIE*ANN HANDMADE GOODS

0589 JACKIE WAIK-ATIYA

0590 CAROL LISTENBERGER

0591 ANN ANTANAVAGE,
MISS DANCEY PANTS

0592 SANDRA TATSUKO KADOWAKI

0593 RONDA KIVETT

0594 INEDIBLE JEWELRY

0595 JULIE DUTT,
JULIE*ANN HANDMADE GOODS

0596 JACKIE WAIK-ATIYA

0597 ZUDA GAY PEASE, ZUDAGAY.ETSY.COM

0598   TONI M. RANSFIELD

0599 GERALDINE NEWFRY

0600 SANDRA TATSUKO KADOWAKI

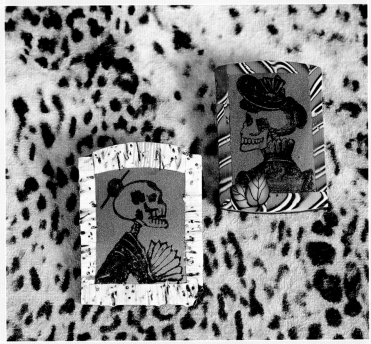

0601 MICHELA VERANI

0602 DARLEEN BELLAN, KISSMYSTAMP DESIGNS

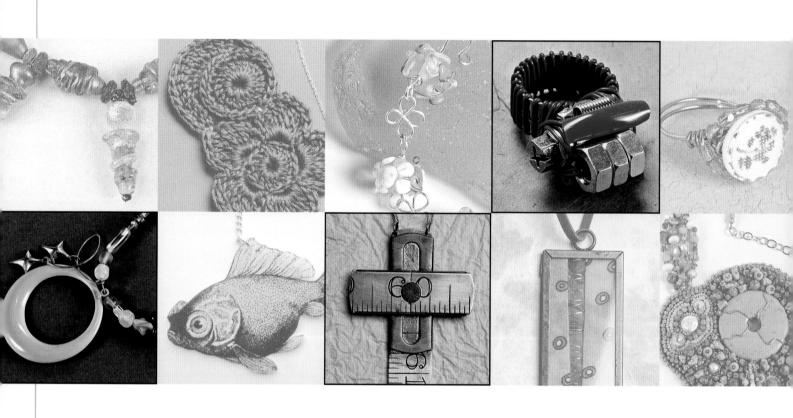

pièces d'époque et reconverties

chapitre 4

0603–0749

0603 PAPER FLOWER GIRL

0604 KARIBETH.COM

0605 JANET BASKERVILLE, JBASK ARTS
PHOTO PAR MICHAEL J. JOYCE

0606 JANET BASKERVILLE, JBASK ARTS
PHOTO PAR MICHAEL J. JOYCE

0607 PEQUITOBUN

0608 SANDRA SALAMONY

0609 PAPER FLOWER GIRL

0610 ARMOUR SANS ANGUISH

0611 MOOD SWING

0612 KELLEY FREELAND

0613 MOOD SWING

0614 KIONA WILSON, LUCKY ACCESSORIES

0615 ARMOUR SANS ANGUISH

0616 KELLEY FREELAND

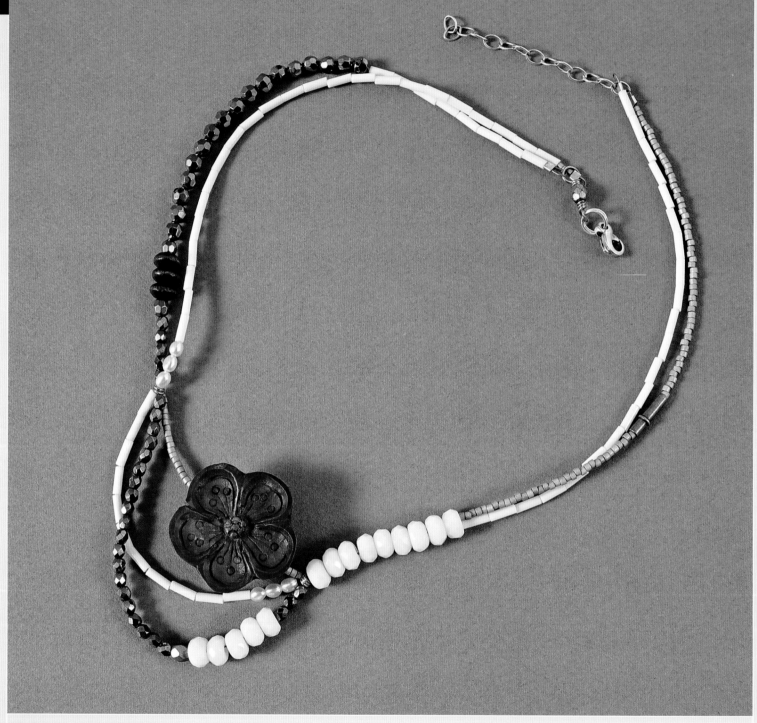

0617 KELLEY FREELAND

0618   DENISE WITMER

0619   MIGGIPYN, DIANE WADE

0620   KELLEY FREELAND

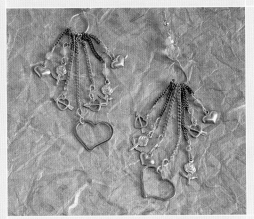

0621   MIGGIPYN, DIANE WADE

0622   MIGGIPYN, DIANE WADE

0623   CYNDI LAVIN

0624   PHAEDRA A. TORRES, LLUVIA DESIGNS

0625   MICHELA VERANI

0626   TIGERGIRL.ETSY.COM

0627 KARIBETH.COM

0628 SANDRA SALAMONY

0629 PEQUITOBUN

0630 JULIA ANDRUS

0632 PEQUITOBUN

0633 PEQUITOBUN

0634 PEQUITOBUN

0635 PEQUITOBUN

0636 PEQUITOBUN

0637 PEQUITOBUN

0638 PEQUITOBUN

0639 JENNIFER PERKINS

0640 JENNIFER PERKINS

0641 THERESA MINK DESIGNS

0642 KARIBETH.COM

0643 JODI BLOOM

0644 MOOD SWING

0645 TIGERGIRL.ETSY.COM

0646 WE DREAM IN COLOUR

0647 MOOD SWING

0648 KARIBETH.COM

0649 ARMOUR SANS ANGUISH

0650 MOOD SWING

0651 PEQUITOBUN

0652 PEQUITOBUN

0653 PEQUITOBUN

0654 ERIN SARGEANT, LIKE A FOX

0655 ANDREA DREYER

0656 ANDREA DREYER

0657 ANDREA DREYER

0658 ANDREA DREYER

0659 ANDREA DREYER

0660 ANDREA DREYER

0661 VICTORIA BUTTON

0662 NIKI MALEK, STELLA ET LUX

0663 PEQUITOBUN

0664 KARIBETH.COM

0665 MIGGIPYN, DIANE WADE

0666 JANET BASKERVILLE, JBASK ARTS
PHOTO PAR MICHAEL J. JOYCE

0667 TIGERGIRL.ETSY.COM

0668 MIGGIPYN, DIANE WADE

0669 PAPER FLOWER GIRL

0670 KARIBETH.COM

0671 ROSEBONBON

0672 ELENA MARIE SIFF, ELENAMARIE.ETSY.COM

0673 TIGERGIRL.ETSY.COM

0674 CYNDI LAVIN

0675 ERIN SARGEANT, LIKE A FOX

0676 KARIBETH.COM

0677 ROSEBONBON

0678 TIGERGIRL.ETSY.COM

0679 MOOD SWING

0680 TARA FEENEY, LEVITICUSJEWELRY.COM

0681 TARA FEENEY, LEVITICUSJEWELRY.COM

0682 MOOD SWING

0683 RELISHDRESS

0684 NICOLE NOELLE

0685 WE DREAM IN COLOUR

0686 BEATRIZ SOUZA
PHOTO PAR MARCELO CÉLIO

0687 MADE IN LOWELL

0688 WE DREAM IN COLOUR

0689 MADE IN LOWELL

0690 TARA MANNING FINLAY

0691   IVORY EILEEN, PAPER ORGANICS JEWELRY

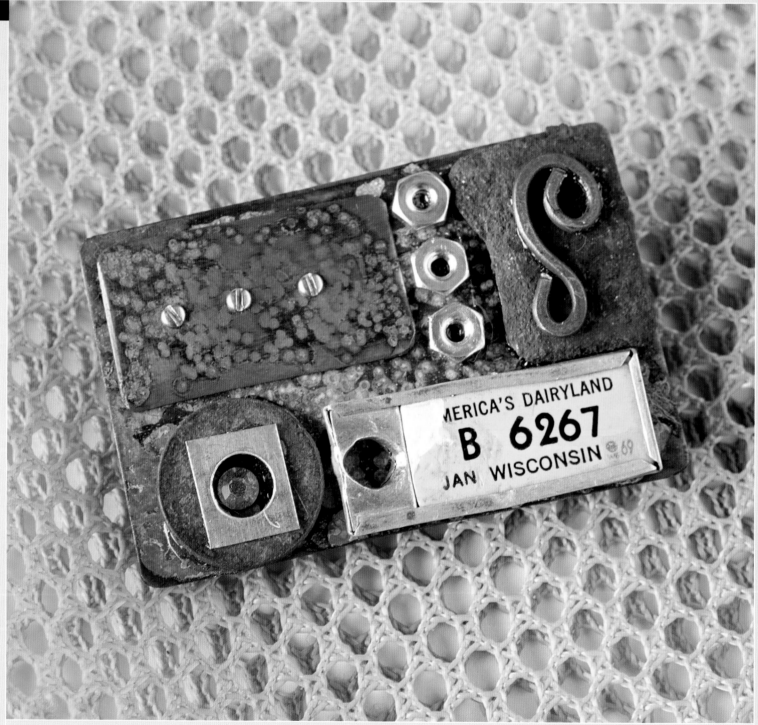

LORI LARSON

0693 LAURA SANTONE, SHESHA

0694 ANDREIA CUNHA MARTINS

0695 TERI DEGINSTIEN, MIDNIGHTBLUART

0696 ANDREIA CUNHA MARTINS

0697 LAURA SANTONE, SHESHA

0698 RELISHDRESS

0699 PHAEDRA A. TORRES, LLUVIA DESIGNS

0700 SARAH GORDEN,
SOJOURN CURIOSITIES

0701 SHERRI FORRESTER

0702 SHERRI FORRESTER

0703 ELENA MARIE SIFF,
ELENAMARIE.ETSY.COM

0704 DANA LYNN DRISCOLL

0705 LORI LARSON

0706   LAURA SANTONE, SHESHA

0707   JANET HICKEY

0708   DANA LYNN DRISCOLL

0709   HI ANNIE DESIGNS

0710   LAURA SANTONE, SHESHA

0711   JANET HICKEY

0712   DEBORAH FRANKS, ARTWORKS.ETSY.COM

0714 SANDRA SALAMONY

0715 PHAEDRA A. TORRES,
LLUVIA DESIGNS

0716 MIA GOFAR JEWELRY

0717 ELENA MARIE SIFF,
ELENAMARIE.ETSY.COM

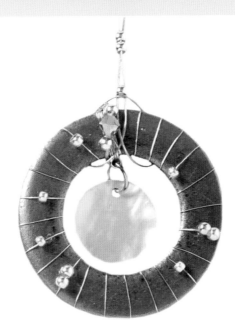

0718 ELIZABETH DICKINSON

0719 PHAEDRA A. TORRES,
LLUVIA DESIGNS

0720 SHERRI FORRESTER

0721 THE WEEKEND STORE
PAR ADJOWAH BRODY

0722 JANET BASKERVILLE, JBASK ARTS
PHOTO PAR MICHAEL J. JOYCE

0723 JANET BASKERVILLE, JBASK ARTS
PHOTO PAR MICHAEL J. JOYCE

0724 THE WEEKEND STORE
PAR ADJOWAH BRODY

0725 SHERRI FORRESTER

0726 HALLE GUSTAFSON

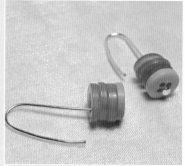

0727 TOMATE D'EPINGLES, GUYLAINE MARTINEAU,
TOMATEDEPINGLES.ETSY.COM

0728 JANET BASKERVILLE, JBASK ARTS
PHOTO PAR MICHAEL J. JOYCE

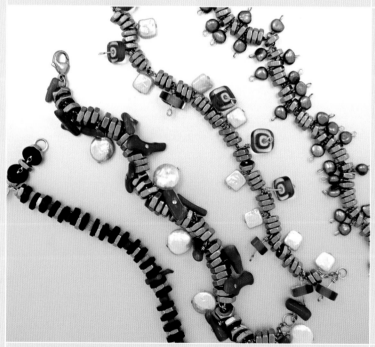

0729 NICOLE NOELLE

0730 SHERRI FORRESTER

0731 THE WEEKEND STORE
PAR ADJOWAH BRODY

0732 JENNY LOUGHMILLER

0733 REUBEN MILLER

0734 ELLENE McCLAY

0735 ENRICA PRAZZOLI

0736 LAURA SANTONE, SHESHA

0737 LAURA SANTONE, SHESHA

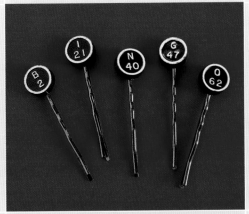

0738 THE WEEKEND STORE
PAR ADJOWAH BRODY

0739 NICOLE NOELLE

0740 JANET BASKERVILLE, JBASK ARTS
PHOTO PAR MICHAEL J. JOYCE

0741 THE WEEKEND STORE PAR ADJOWAH BRODY

0742 THE WEEKEND STORE PAR ADJOWAH BRODY

0743 CYNDI LAVIN

0744   ANDREIA CUNHA MARTINS

0745   MEREAM PACAYRA

0746   SHERRI FORRESTER

0747   THE WEEKEND STORE
PAR ADJOWAH BRODY

0748   ENRICA PRAZZOLI

0749   HELOISE

fibres et tissus

chapitre 5

0750-0864

0750 CAROL LISTENBERGER

0751 TARA TURNER

0752 MIA GOFAR JEWELRY

0753 JENNI PAGANO

0754 ROSEBONBON

0755 PAPER FLOWER GIRL

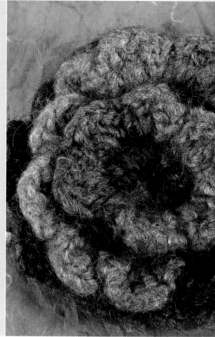

0756 SHARI BONNIN

0757 PAPER FLOWER GIRL

0758 CRISTINA MANHENTE

0759 MADE IN LOWELL

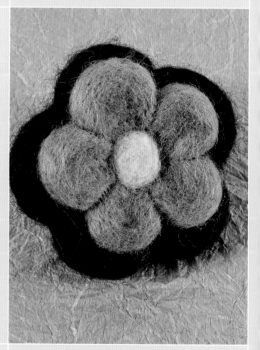

0760 KELLEY FREELAND

0761   PAPER FLOWER GIRL

0762 MIGGIPYN, DIANE WADE

0763 SHARI BONNIN

0764 JANET BASKERVILLE, JBASK ARTS
PHOTO PAR MICHAEL J. JOYCE

0765 THE WHITE SHEEP

0766 STEPHANIE RIGER JEWELRY,
STEPHANIERIGER.COM

0767 MADE IN LOWELL

0768 MIA GOFAR JEWELRY

0769 KNITTING GURU, VEENA BURRY

0770 RELISHDRESS

0771 LINDSAY STREEM

0772 LINDSAY STREEM

0773 PAPER FLOWER GIRL

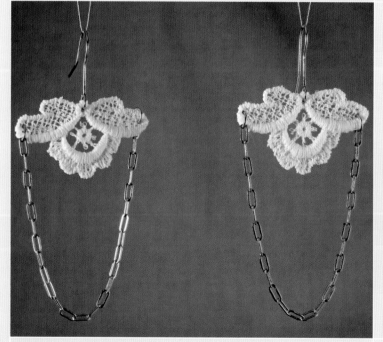

0774 CURSIVE DESIGN

0775 WANDRWEDDING BY WENDY

0776 WANDRWEDDING BY WENDY

0777   ADORN, SANDY SNEAD

0778   LINDSAY STREEM

0779   HELOISE

0780   LORI LARSON

0781   HELOISE

0782   DEBORAH FRANKS,
ARTWORKS.ETSY.COM

0783   ROSEBONBON

0784 KNITTING GURU, VEENA BURRY

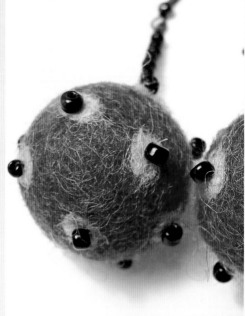

0785 THE WHITE SHEEP

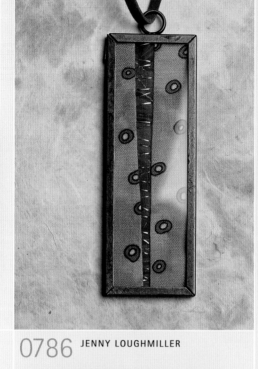

0786 JENNY LOUGHMILLER

0787 PAPER FLOWER GIRL

0788 ADORN, SANDY SNEAD

0789 PAPER FLOWER GIRL

0790 JILL BLISS, BLISSEN.COM

0791 ADORN, SANDY SNEAD

0792 PAPER FLOWER GIRL

0793 JENNI PAGANO

0794 JENNI PAGANO

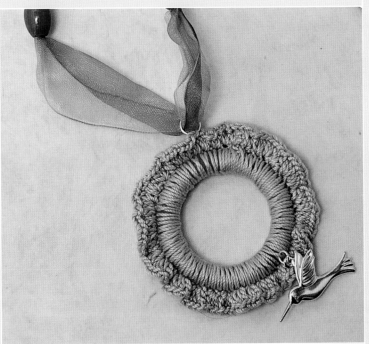

0795 LINDSAY STREEM

0796 PAPER FLOWER GIRL

0797 RELISHDRESS

0798 KNITTING GURU, VEENA BURRY

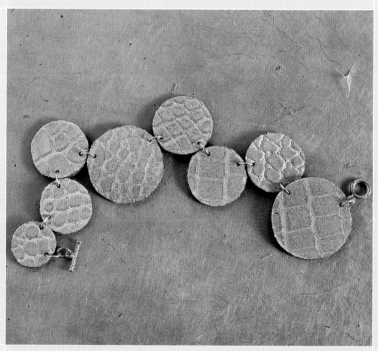

0799 KELLIOPE

0800 AI-LING CHANG

0801 KNITTING GURU, VEENA BURRY

0802 RELISHDRESS

0803 LINDSAY STREEM

0804 MADE IN LOWELL

0805 DIANA SAMPER

0806 LINDSAY STREEM

0807 RELISHDRESS

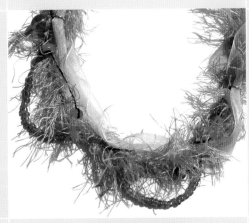

0808 DIANA SAMPER

0809 JACKIE WAIK-ATIYA

0810 PAPER FLOWER GIRL

0811 LISA LAMPE

0812 MANDALA JEWELS,
MANDALAJEWELS.ETSY.COM

0813 PHAEDRA A. TORRES, LLUVIA DESIGNS

0814 BELLE POUR LA VIE,
BELLEPOURLAVIE.COM

0815 RUPAR CHAN

0816 ARMOUR SANS ANGUISH

0817 CAROL LISTENBERGER

0818 RELISHDRESS

0819 ROSEBONBON

0820 AMY HELM

0821 ZONA SHERMAN,
TWIRL GIRL FIBERS

0822 KELLIOPE

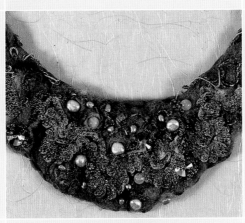

0823 CAROL LISTENBERGER

0824 RELISHDRESS

0825 CAROL A. BABINEAU,
ART CLAY STUDIO

0826 BELLE POUR LA VIE,
BELLEPOURLAVIE.COM

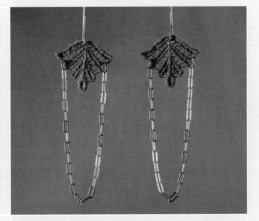

0827 CURSIVE DESIGN

0828 ANA PEREIRA

0829 PAPER FLOWER GIRL

0830 CRISTINA MANHENTE

0831 DEBORAH FRANKS, ARTWORKS.ETSY.COM

0832 CURSIVE DESIGN

0833 PEGGY PRIELOZNY

0834 AMY HELM

0835 ARMOUR SANS ANGUISH

0836 JILL BLISS, BLISSEN.COM

0837 HI ANNIE DESIGNS

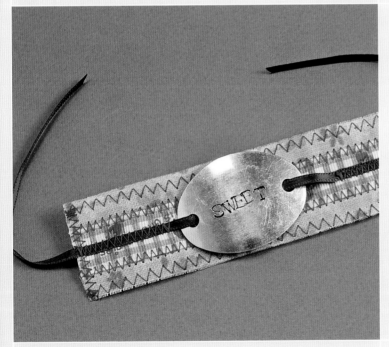

0838 HI ANNIE DESIGNS

0839 MIGGIPYN, DIANE WADE

0840 DEBRA POTH

0841 DEBRA POTH

0842 KNITTING GURU, VEENA BURRY

0843 DEBRA POTH

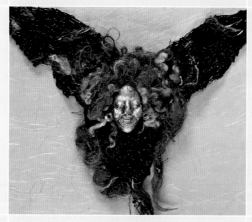

0844 CAROL LISTENBERGER

0845 LINDSAY STREEM

0846 CRISTINA MANHENTE

0847 CAROL LISTENBERGER

0848 DIANA SAMPER

0849 JENNI PAGANO

0850 JEANNE WERTMAN

0851 THE WHITE SHEEP

0852 CRISTINA MANHENTE

0853 OLGA NORONHA

0854 PAPER FLOWER GIRL

0855 **LINDSAY STREEM**

0856 **KNITTING GURU, VEENA BURRY**

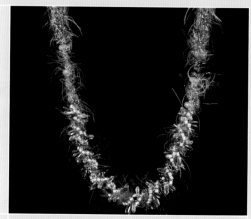

0857 **KIARA M. McNULTY**

0858 **CURSIVE DESIGN**

0859 **LINDSAY STREEM**

0860 **RELISHDRESS**

0861 **MADE IN LOWELL**

0862 **RUPAR CHAN**

0863 **DONNA GARSIDE CASON**

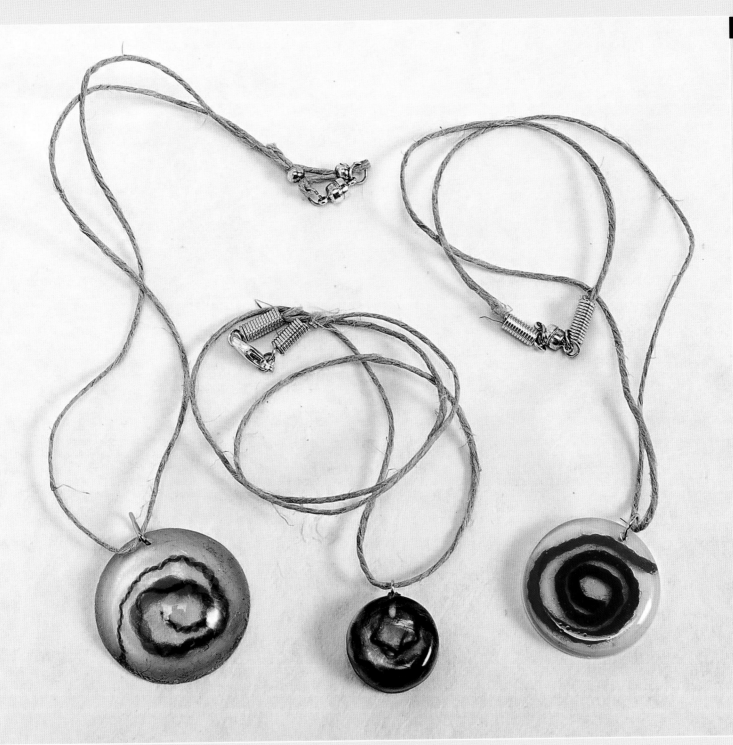

0864 ZONA SHERMAN, TWIRL GIRL FIBERS

0865-1000

0865 CYNTHIA ALVAREZ, CALUMEY DESIGNS

0866 KATHLEEN MALEY

0867 RELISHDRESS

0868 VICKY X. NGUYEN

0869 GIOVANNA LEÓN

0870 JESSICA NEAVES

0871 SHARI BONNIN

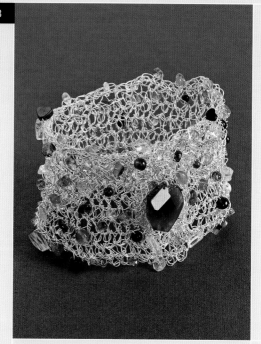

0872 LISA WEBER,
CRYSTAL WOMAN JEWELRY

0873 LISA NIVEN KELLY

0874 LISA LAMPE

0875 JQ JEWELRY DESIGNS

0876 LAURIE E. PANARIELLO

0877 ELIZABETH DICKINSON

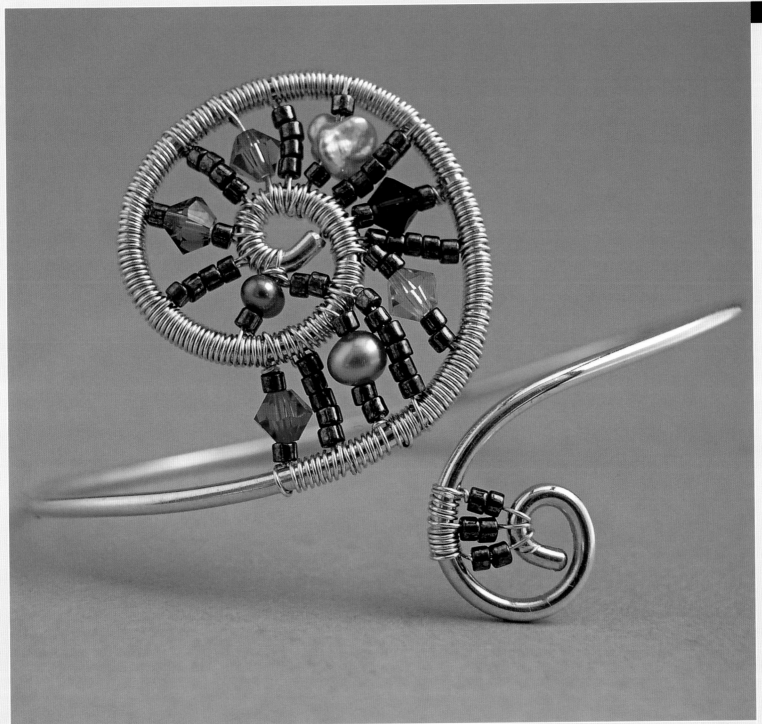

0878 WOUND AROUND JEWELRY, K. YEARWOOD

0879 GRETCHEN S. SARRAZOLLA

0880 MONA SONG DESIGNS

0881 REUBEN MILLER

0882 RUPAR FISCHER

0883 HI ANNIE DESIGNS

0884 OLGA NORONHA

0885 VICKY X. NGUYEN

0886 KAY LANCASHIRE, KAY'S ARTYCLES

0887 LISA WEBER,
CRYSTAL WOMAN JEWELRY

0888 LILI HALL, ARTEFACT

0889 LAURA BRACKEN

0890 PATRICIA SUMMERS,
OWLFEATHERSANDFLUFF.COM

0891 MIA GOFAR JEWELRY

0892 DAPHNE "D.D." HESS

0893 McFARLAND DESIGNS

0894 THERESA MINK DESIGNS

0895 YAEL MILLER DESIGN

0896 ROCCA DESIGNS,
CAROLINA ESTRADA

0897 AMY HARDY

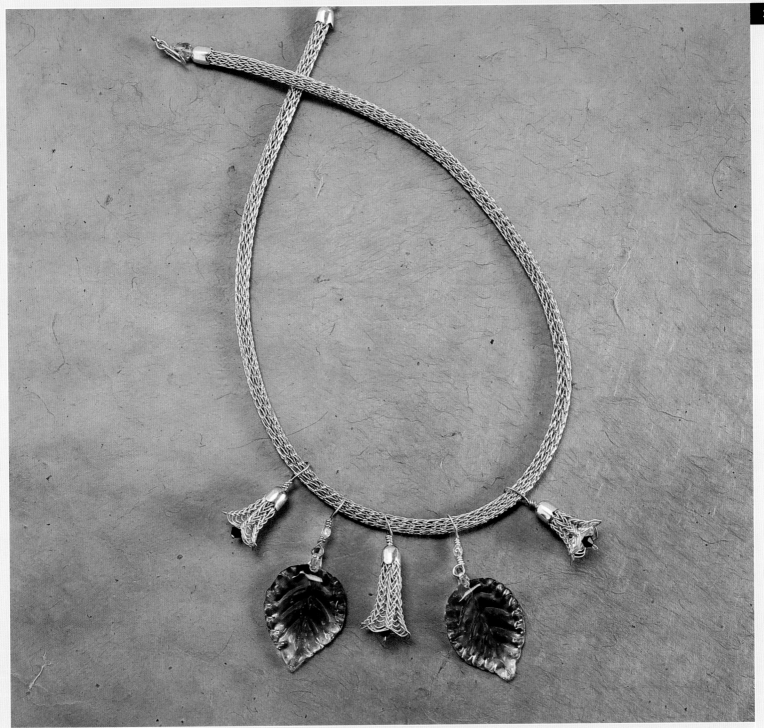

0898   KAY LANCASHIRE ET BILL STRATHAM

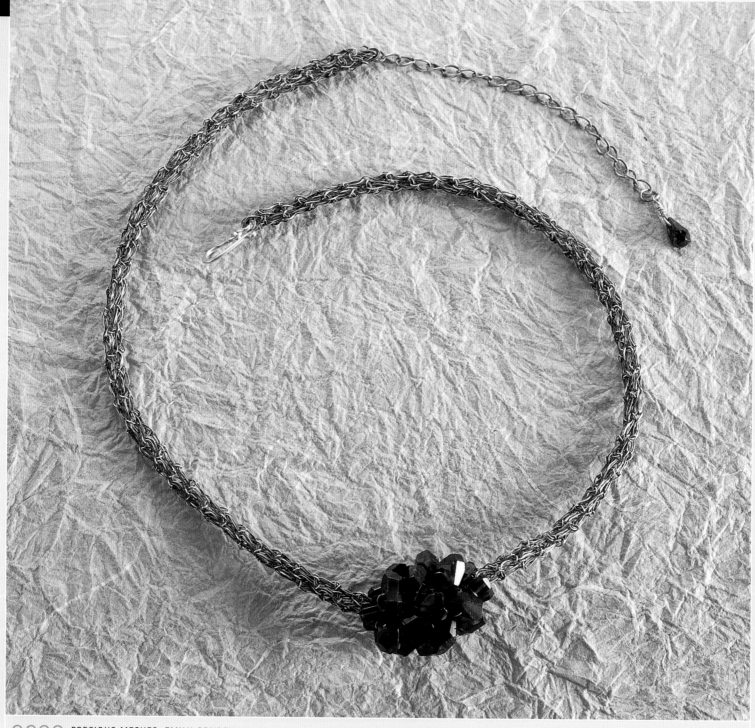

0899 PRECIOUS MESHES, EMILY CONROY

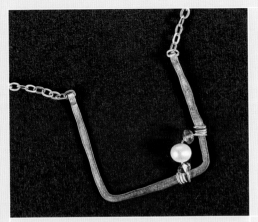

0900 ROCCA DESIGNS,
CAROLINA ESTRADA

0901 MELISSA MUIR,
KELSI'S CLOSET JEWELBOX

0902 WANDRDESIGN BY WENDY

0903 JANET HICKEY

0904 PRECIOUS MESHES,
EMILY CONROY

0905 TAMMY POWLEY

0906 MONA SONG DESIGNS

0907 JENNY ZHOU

0908 MADE IN LOWELL

0909 ANA PEREIRA

0910 ANA PEREIRA

0911 MONA SONG DESIGNS

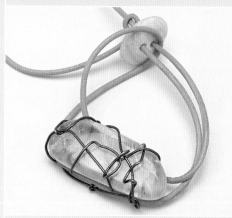

0912 BEATRIZ SOUZA
PHOTO PAR MARCELO CÉLIO

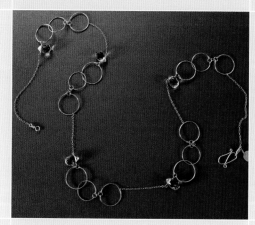

0913 MONA SONG DESIGNS

0914 RELISHDRESS

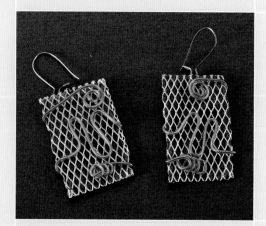

0915 BOBPAR WERTMAN

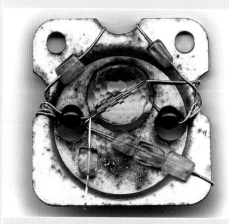

0916 YAEL MILLER DESIGN

0917 PAPER FLOWER GIRL

0918 ANDREIA CUNHA MARTINS

0919 OLGA NORONHA

0920 OLGA NORONHA

0921 ANDREIA CUNHA MARTINS

0922 OLGA NORONHA

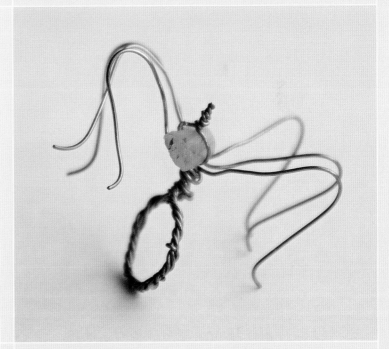

0923 OLGA NORONHA

0924 BEAD JEWELRY BY SHOPGIRL

0925 ANDREIA CUNHA MARTINS

0926 GIOVANNA LEÓN

0927 ENI OKEN

0928   THE WEEKEND STORE PAR ADJOWAH BRODY

0929 ANA PEREIRA

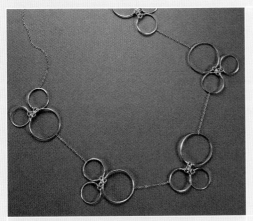

0930 MONA SONG DESIGNS

0931 PATRICIA SUMMERS,
OWLFEATHERSANDFLUFF.COM

0932 MELANI WILSON DESIGNS

0933 TARA MANNING FINLAY

0934 McFARLAND DESIGNS

0935 PRECIOUS MESHES,
EMILY CONROY

0936 SARAH GORDEN,
SOJOURN CURIOSITIES

0937 DAWN CECCACCI

0938 PRECIOUS MESHES,
EMILY CONROY

0939 SHERRY J. INSLEY, DANDELIONBLU JEWELRY

0940 RANDI SAMUELS

0941 SARAH GORDEN, SOJOURN CURIOSITIES

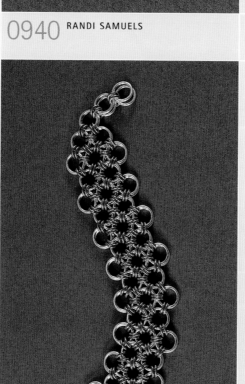

0942 RUPAR FISCHER

0943 RENEE THOMAS

0944 RANDI SAMUELS

0945 RUPAR FISCHER

0946 IRIS SANDKÜHLER

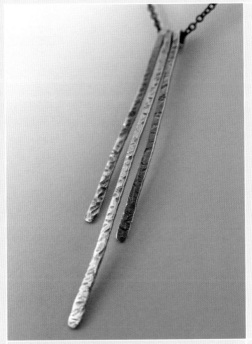

0947 SUSAN KUSLANSKY,
GODSAGA JEWELRY

0948 BELLE POUR LA VIE,
BELLEPOURLAVIE.COM

0949 CLARE L. STOKER-RING

0950 JEAN MARIE'S JEWELRY

0951 CLARE L. STOKER-RING

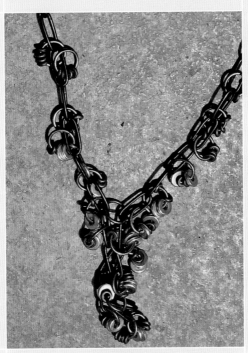

0952 JACKIE WAIK-ATIYA

0953 KIONA WILSON,
LUCKY ACCESSORIES

0954 LISA WEBER,
CRYSTAL WOMAN JEWELRY

0955 MONA SONG DESIGNS

0956 MODERNJEWELRYART.COM

0957 OLGA NORONHA

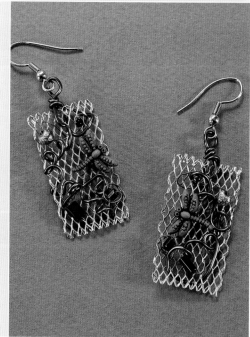

0958 AMY HELM

0959 NANCY ANDERSON, SWEET BIRD STUDIO

NICOLE NOELLE

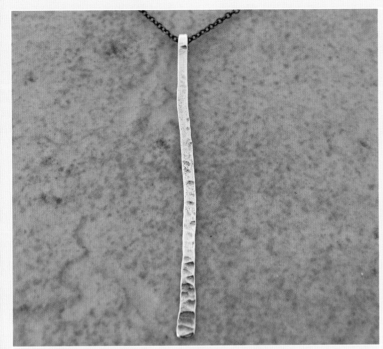

0961 SUSAN KUSLANSKY, GODSAGA JEWELRY

0962 TARA TURNER

0963 YAEL MILLER DESIGN

0964 TARA MANNING FINLAY

0965 ENI OKEN

0966 TRACY H. THOMASSON

0967 TRACY H. THOMASSON

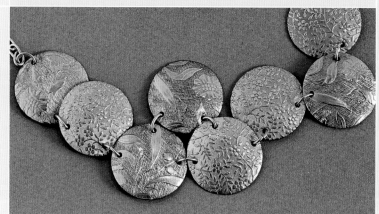

0968 KELLIOPE

0969 LISA WEBER, CRYSTAL WOMAN JEWELRY

0970 TAMMY POWLEY

0971 BELLE POUR LA VIE, BELLEPOURLAVIE.COM

0972 PAPER FLOWER GIRL

0973 WE DREAM IN COLOUR

0974 CATHERINE MARCHÉ

0975 AMY BOLING

0976 MODERNJEWELRYART.COM

0977 SHANNON LeVART

0978 CRISTINA MANHENTE

0979 PATRICIA SUMMERS,
OWLFEATHERSANDFLUFF.COM

0980 McFARLAND DESIGNS

0981 MONA SONG DESIGNS

0982 GARY L. HELWIG

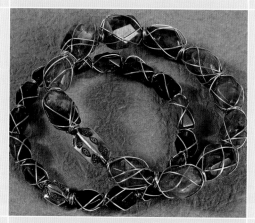

0983 TRACY SUTHERLAND,
ORANGE STARFISH DESIGNS

0984 OLGA NORONHA

0985 MELISSA MUIR,
KELSI'S CLOSET JEWELBOX

0986 SARAH GORDEN,
SOJOURN CURIOSITIES

0987 LISA WEBER,
CRYSTAL WOMAN JEWELRY

0988 OLGA NORONHA

0989 AMY HARDY

0990 TAMMY POWLEY

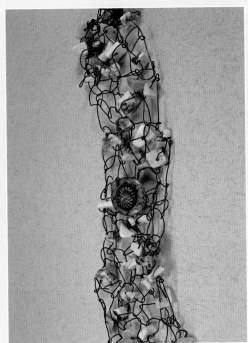

0991 SARAH GORDEN,
SOJOURN CURIOSITIES

0992 TARA MANNING FINLAY

0993 PATRICIA SUMMERS,
OWLFEATHERSANDFLUFF.COM

0994 JILL SHARP

0995 MONA SONG DESIGNS

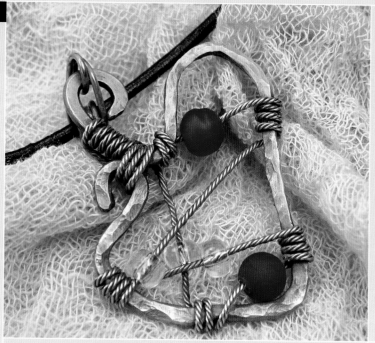

0996 DEBORAH FRANKS, ARTWORKS.ETSY.COM

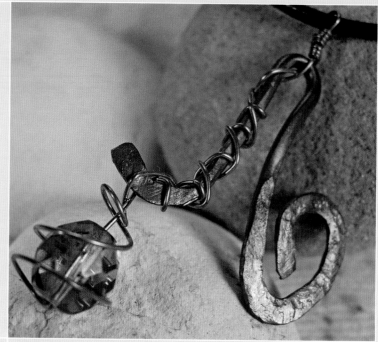

0997 DEBORAH FRANKS, ARTWORKS.ETSY.COM

0998 ELIZABETH GLASS GELTMAN ET RACHEL GELTMAN

0999 GIOVANNA LEÓN

1000 LILI HALL, ARTEFACT

techniques de fabrication de bijoux

Il est renversant de constater combien de projets peuvent être réalisés à l'aide d'un nombre relativement faible de techniques acquises. Cette annexe traite de certaines techniques de base de la fabrication de bijoux qui vous permettront d'entreprendre vos propres créations.

Vous pouvez acheter des accessoires de base de bijouterie, mais vous pouvez aussi fabriquer les vôtres avec du fil et des outils simples. En voici quelques-uns pour démarrer.

ACCESSOIRES POUR BOUCLES D'OREILLE

Des boucles d'oreille perlées de base sont normalement constituées d'un crochet d'oreille et d'une épingle à tête. Vous aurez besoin d'une pince à bec rond et d'un coupe-fil. Pour une boucle d'oreille perlée de base, utilisez un fil d'argent sterling rond, semi-durci, de calibre 21 (0,71 mm). Il est assez mince pour passer par le trou percé dans votre oreille et accueille la plupart des perles, mais il est aussi assez résistant pour supporter le poids de la boucle d'oreille finie. Quoique un peu plus fin, le fil de calibre 22 (0,65 mm) fait aussi bien l'affaire pour la plupart des accessoires préfabriqués de boucles d'oreille.

PROJET 1 : **CROCHETS D'OREILLE DE BASE**

Ce modèle de crochet de boucle d'oreille est souvent dit en fil français (ou lingot, ou ganse) ou en hameçon. Peu importe le nom que vous lui donnez, il vous faut seulement quelques outils à main et quelques centimètres de fil pour en fabriquer une paire.

MATÉRIAUX
Segment de fil
    de 8,75 cm (3½ po)
Pince à bec rond
Lime de bijoutier
Coupe-fil

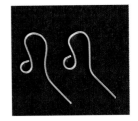

1. Coupez d'abord votre fil en deux, afin de disposer de deux segments de 4,5 cm (1¾ po) chacun, puis utilisez une lime de bijoutier pour adoucir les bouts de chaque segment.

2. Avec la pince à bec rond, créez une petite boucle à un bout d'un segment de fil [A].

3. Répétez le procédé pour l'autre segment de fil, en vous assurant que la boucle soit du même diamètre que la première.

4. Ensuite, tenez les deux segments de fil ensemble afin que les boucles soient alignées l'une sur l'autre.

[A]

5. Pincez la section droite de vos fils, environ 0,63 cm (¼ po) sous la boucle, avec la partie la plus épaisse de votre pince à bec rond, puis utilisez vos doigts pour plier chaque fil à 180° autour du bec. Vous voulez plier les deux fils ensemble afin que vos fils d'oreille soient appariés [B].

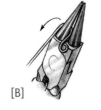

[B]

6. L'étape suivante est un mouvement très petit, subtil, mais il contribuera à arrondir un peu plus le crochet. À l'aide de la pince à bec rond, placez la partie la plus large du bec à l'intérieur de la section pliée, à environ 0,63 cm (¼ po) de la courbe. La pince à bec rond devrait être pointée vers le haut et la courbe du fil devrait être placée horizontalement vers vous. Pressez délicatement la courbe et la partie droite du crochet d'oreille l'un vers l'autre d'environ 5° [C].

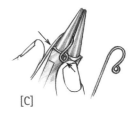

[C]

7. Tenez de nouveau les deux crochets d'oreille l'un à côté de l'autre. Cette fois, utilisez la partie médiane du bec de la pince et, en mesurant environ 0,63 cm (¼ po) de chaque bout, pliez légèrement les bouts de chaque fil (environ 25°) en même temps [D].

[D]

conseil de bijoutier

Si vous êtes un peu nerveux à l'idée de faire votre première paire de crochets d'oreille, achetez-en une paire et utilisez-la comme guide ou gabarit pendant votre travail. Tout en fabriquant vos crochets d'oreille, référez-vous à l'occasion à ceux que vous aurez achetés. Cela vous aidera à visualiser le produit fini.

ANNEAUX À RESSORT, CROCHETS ET FERMOIRS

Le moyen par lequel on attache un bijou à la personne qui le porte est essentiel. Les fermoirs, les crochets et les anneaux à ressort sont des éléments importants de tout concept de bijou parce que, sans eux, nous pourrions tous perdre de beaux bijoux. Quoique le fil de calibre 21 (0,71 mm) soit excellent pour la plupart des concepts, quand on fabrique un fermoir, il vaut mieux utiliser un calibre de fil assez résistant. Si possible, essayez de vous en tenir au moins à du calibre 20 (0,80 mm) pour tout accessoire qui fera office de fermoir dans le dessin final du bijou. Sauf mention contraire, le fil de calibre 20 (0,80 mm) est utilisé pour tous les accessoires de cette section.

PROJET 1 : **ANNEAU À RESSORT DE BASE**

Les anneaux à ressort sont de simples cercles en fil de métal, mais ils ont des usages multiples dans la fabrication de bijoux. La taille des anneaux à ressort que vous fabriquez dépend du diamètre du goujon, et le nombre d'anneaux à ressort que vous fabriquerez dépendra de la quantité de fil utilisée.

MATÉRIAUX

Segment de fil de 15 cm (6 po)
Goujon en bois, crayon ou stylo
Lime de bijoutier
Coupe-fil

[A]

1. Commencez par enrouler à la main votre fil autour du goujon (vous pouvez aussi utiliser un crayon ou un stylo à cette fin), de manière à ce que le fil soit enroulé bien à plat [A].

2. Faites glisser le fil du goujon, afin d'avoir une spirale de fil.

[B]

3. À l'aide d'un coupe-fil à coupe à ras, taillez chaque spirale une fois pour obtenir un seul anneau [B].

4. Finalement, utilisez une lime de bijoutier pour adoucir les bouts du fil que vous venez tout juste de couper afin que les deux bouts de l'anneau à ressort soient plats et puissent s'abouter parfaitement [C et D].

[C]

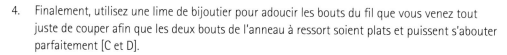

conseil de bijoutier

Essayez de travailler avec des segments de fil d'au moins 15 cm (6 po) quand vous fabriquez des composants ou des accessoires. Quoique vous pouvez n'avoir besoin que de 2 à 5 cm pour fabriquer un crochet ou un fermoir, il est parfois beaucoup plus facile de travailler avec une section de fil plus longue. En outre, vous disposerez d'assez de fil pour fabriquer autre chose avec le surplus.

[D]

PROJET 2 : **CROCHET DE BASE**

Dans le cas présent, il peut s'avérer plus facile de travailler avec un segment de fil de 15 cm (6 po), quoiqu'il ne soit pas nécessaire d'en avoir autant pour réussir ce projet d'accessoire. C'est vraiment une question de préférence. Certains fabricants de bijoux trouvent plus facile de travailler avec des sections de fil plus longues et d'autres non, mais ça vaut le coup d'essayer.

MATÉRIAUX
Segment de fil
  de 3,75 cm (1 ½ po)
Pince à bec rond
Lime de bijoutier
Coupe-fil

1. Après avoir limé les bouts de votre fil, prenez la pince à bec rond et faites une boucle à un bout du fil [A].

2. Maintenant, en mesurant environ 1,25 cm (½ po) depuis la fin de la boucle, agrippez le fil à l'aide de la pince à bec rond en utilisant le milieu du bec.

3. En tenant la pince d'une main, utilisez votre autre main pour enrouler le fil autour du bec de la pince afin de créer une forme de «crochet» [B].

4. À l'aide de la pince à bec rond, créez une minuscule boucle au bout du crochet que vous avez réalisé à l'étape précédente [C].

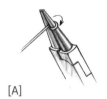

[A]

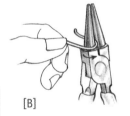

[B]

[C]

conseil de bijoutier

Rangez le fil inutilisé dans un contenant étanche, tel un grand sac en plastique à fermeture à glissière ou un plat en plastique muni d'un couvercle. Exposé à l'oxygène de l'air, l'argent sterling s'oxyde et la ternissure s'accumulera sur votre fil. À l'extérieur du sac ou du plat, collez une étiquette indiquant le calibre du fil pour éviter toute confusion.

PROJET 3 : ŒILLET DE BASE

En utilisant un petit peu de fil, vous pouvez réaliser ce modèle d'œillet de base, qui est en forme de 8. Les deux boucles de cette pièce se combinent pour constituer la deuxième partie du fermoir, qui est fabriquée pour convenir à toutes sortes de fermoirs à crochet.

MATÉRIAUX
Segment de fil
  de 3,75 cm (1½ po)
Pince à bec rond
Lime de bijoutier
Coupe-fil

1.   Commencez par adoucir les deux bouts de votre fil avec la lime de bijoutier.

2.   Maintenant, avec la pince à bout rond, faites une grande boucle à un bout du fil de manière à utiliser la moitié de la section de fil [A].

3.   Faites la même chose à l'autre bout du fil mais, cette fois, en tournant la boucle dans l'autre sens, afin de réaliser une forme en huit (8) avec le fil [B].

[A]

[B]

conseil de bijoutier

Avant d'enfiler une pièce, considérez la façon dont elle sera portée. Si elle requiert de la souplesse, mais doit aussi être très résistante à cause de perles lourdes, alors le fil à perler est votre meilleur choix. Pour une pièce qui doit être drapée ou qui a de plus petites perles (comme des perles heishi), il est généralement préférable d'utiliser un matériau d'enfilage plus doux, comme le nylon ou la soie.

TECHNIQUES POUR PERLES ET FIL

Une fois que vous avez appris à fabriquer vos propres accessoires, vous devez aussi comprendre comment relier tous les éléments de vos concepts de bijoux. C'est alors que plusieurs méthodes différentes de fabrication de bijoux sont requises. Ci-dessous, vous trouverez les instructions relatives aux techniques les plus couramment utilisées pour créer des bijoux en perles enfilées.

BOUCLE ENVELOPPÉE

La technique de la boucle enveloppée (ou bloquée) est très utile pour un grand nombre de projets de bijoux. Vous pouvez l'utiliser pour fabriquer des boucles d'oreille, ajouter des sautoirs à des colliers ou pour finir le fermoir d'un bracelet. Pour cette technique, il vous faut une pince à bec rond, un coupe-fil, une pince à bec plat, une lime de bijoutier et votre sélection de fil pour fabriquer des boucles enveloppées.

1. Utilisez d'abord la pince à bec plat ou à bec rond pour plier le fil à un angle de 90°, afin de créer une forme en L inversé [A et B].

2. Placez le bec de votre pince à bec rond dans le pli que vous avez créé à l'étape précédente [C].

3. Avec vos doigts, enroulez le fil autour du bec de la pince pour former une boucle [D].

4. Tout en gardant la pince à bec rond dans la boucle, tenez la boucle contre le bec de la pince avec un doigt [E]. Vous devriez avoir la pince à bec rond dans une main avec un doigt pressant la boucle contre le bec (si vous êtes droitier, alors vous utiliserez probablement la main gauche pour tenir la pince et votre index pour tenir la boucle contre le bec).

5. En utilisant l'autre main (si vous êtes droitier, la main droite), commencez à enrouler le bout de fil autour de la section droite directement sous la boucle. Si le fil est mou, vous pouvez probablement le faire avec vos doigts. Sinon, utilisez la pince à bec plat pour tenir et enrouler le fil [F].

suite à la page suivante

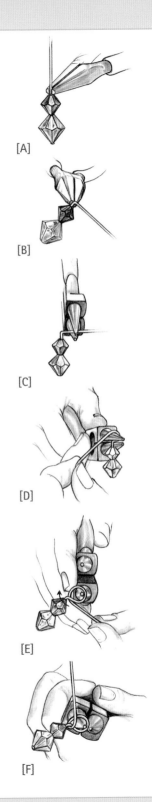

[A]

[B]

[C]

[D]

[E]

[F]

[G]

6. Continuez d'envelopper (enrouler) autant de fois que vous le désirez. Si nécessaire, taillez le surplus de fil avec le coupe-fil et adoucissez les bouts avec une lime de bijoutier [G].

7. Utilisez votre pince à bec plat pour presser à plat le bout du fil enroulé, afin qu'il n'égratigne ou ne pique la personne qui le portera.

8. Au besoin, utilisez la pince à bec rond pour redresser la boucle.

BOUCLE SIMPLE

Cette technique est une version simplifiée de la boucle enveloppée, qui est utile pour fabriquer des boucles d'oreille, des sautoirs, des pendentifs et divers composants de bijoux. Quoique la boucle enveloppée soit plus sécuritaire, cette technique de boucle simple peut être étonnamment forte si elle faite correctement. Pour ce faire, vous avez besoin d'une pince à bec rond, d'un coupe-fil et d'une épingle à tête. On utilise une épingle à tête aux fins de l'illustration, mais vous pouvez utiliser cette technique avec un fil.

[A]

[B]

[C]

1. Utilisez votre pince à bec rond pour plier l'épingle à tête à un angle de 90° [A].

2. Assurez-vous que la section pliée de l'épingle mesure environ 1,25 cm (½ po) ; au besoin, taillez tout surplus au coupe-fil.

3. Placez la section pliée de l'épingle à tête afin qu'elle soit à l'opposé de vous.

4. Ensuite, à l'aide de la pince à bec rond, agrippez le bout de l'épingle pliée et assurez-vous que la partie centrale du bec de la pince tient l'épingle. Après avoir placé la pince correctement, courbez le fil lentement vers vous [B].

5. Comme la première courbe ne formera probablement pas la boucle entière, relâchez et replacez la pince dans la boucle que vous avez commencée.

6. Continuez à la courber vers vous jusqu'à ce que vous ayez fait un cercle complet [C].

PERLES D'ARRÊT

Un bijou emperlé peut être fini de plusieurs façons aux extrémités ; l'usage de perles d'arrêt est une méthode populaire. Certains fabricants de bijoux préfèrent l'apparence des perles d'arrêt à celle des embouts de serrage, mais c'est vraiment une affaire de goût. Pour utiliser cette méthode, vous aurez besoin d'une pince à sertir, de perles d'arrêt (nous conseillons d'utiliser des perles d'arrêt tubulaires plutôt que les modèles ronds, parce qu'elles sont d'un usage beaucoup plus facile), d'une pince à bec rond, d'un coupe-fil et de fil à emperler. Comme pour les embouts de serrage, vous devez comprendre comment commencer et finir avec des perles d'arrêt, parce qu'il y a quelques différences mineures.

1. Glissez une perle d'arrêt sur le bout d'un fil à emperler et bouclez le fil en passant par la perle d'arrêt [A].

2. Placez la perle d'arrêt à l'intérieur de la deuxième encoche de la pince à sertir (celle qui est la plus proche de votre main quand vous tenez la pince) et refermez la pince sur la perle. Vous devriez voir que la perle d'arrêt présente maintenant en son centre une rainure qui fait qu'elle se courbe [B].

3. Maintenant, placez la même perle d'arrêt dans la première encoche de la pince à sertir, puis refermez la pince sur elle afin d'en aplatir la courbe [C et D].

4. Avec le coupe-fil, taillez le fil en ne laissant environ que 5 mm (¼ po) de surplus de fil.

5. Enfilez vos perles en vous assurant d'enfiler la première perle sur les deux fils au bout.

6. Une fois que vous avez enfilé toutes les perles, vous êtes prêt à finir l'autre bout. Glissez une deuxième perle d'arrêt au bout du fil à la suite de la dernière perle enfilée.

7. Bouclez le fil dans la perle d'arrêt, de même qu'en passant à travers la dernière perle enfilée.

8. Insérez le bec de votre pince à bec rond dans la boucle.

9. Tout en tenant votre pince à bec rond d'une main, tirez délicatement le fil à emperler avec votre autre main, de manière à pousser la perle d'arrêt tout contre les autres perles. Cela assurera que vous n'aurez pas trop de jeu dans votre bijou perlé et que, aussi, vous conserverez intacte la boucle de fermeture de votre fil.

10. Répétez les étapes 2 et 3 ci-dessus pour fermer la perle d'arrêt.

11. Finissez en taillant avec soin tout surplus de fil à emperler avec le coupe-fil.

[A]

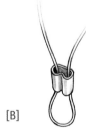

[B]

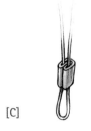

[C]

[D]

EMBOUTS DE SERRAGE

Les embouts de serrage sont de petits accessoires en métal utilisés pour démarrer et finir un bijou emperlé, tel un bracelet ou un collier. Des gens les appellent calottes clamshell, parce qu'ils présentent deux cupules ouvertes comme celles d'un coquillage. Fixé à l'une des cupules se trouve un petit crochet qui sera à son tour fixé à un fermoir ou à un anneau à ressort. Vous devrez fixer les embouts au début et à la fin d'une pièce. Outre les embouts, il vous faudra choisir le cordon (de nylon ou à emperler), une pince à bec plat, des ciseaux, de la colle à bijoux et une alène ou une épingle de corsage (épingle à tête).

[A]

1. Pour fixer un embout de serrage au début d'un bijou emperlé, commencez par faire au moins deux demi-nœuds, l'un sur l'autre, au bout de votre cordon.

2. Glissez le bout non noué du cordon dans le trou au centre de l'embout de serrage, puis tirez le cordon afin que les nœuds se trouvent à l'intérieur d'une cupule [A].

3. Taillez l'excès de cordon avec les ciseaux ou un coupe-fil, puis faites tomber une goutte de colle à bijoux sur les nœuds.

4. Utilisez la pince à bec plat pour refermer les deux cupules de l'embout l'une sur l'autre [B et C].

5. Enfilez toutes vos perles.

6. Quand vous êtes prêt à finir la pièce, ajoutez un autre embout de serrage à l'extrémité en insérant le cordon dans le trou de l'embout de manière à ce que la partie ouverte de l'embout (les cupules) tourne le dos aux perles déjà enfilées.

7. Faites un demi-nœud lâche avec votre cordon, puis insérez une alène (ou une épingle de corsage) dans le nœud.

8. Tenez le cordon d'une main et l'alène de l'autre.

9. Utilisez l'alène pour pousser le nœud dans l'embout et tirez fermement sur le cordon de l'autre main.

10. Retirez l'alène du nœud, puis faites un autre nœud selon la même méthode, en vous assurant que les deux nœuds s'insèrent dans l'une des cupules.

11. Taillez le surplus de cordon et faites tomber une petite quantité de colle sur vos nœuds.

12. Finissez en refermant les deux cupules de l'embout l'une sur l'autre à l'aide de la pince à bec plat.

[B]

[C]

NOUEMENT

Le nouement entre les perles est une technique que de nombreux fabricants de bijoux utilisent quand ils enfilent des perles de qualité supérieure. Les nœuds entre les perles permettent un joli effet drapé une fois le bijou fini, mais ils ont aussi une raison pratique. Si un collier à nœuds venait à se briser, les perles ne s'échapperaient pas du fil. Aussi, les nœuds créent entre les perles un petit intervalle qui les empêche de frotter l'une contre l'autre. Pour les vraies perles et autres perles tendres, c'est particulièrement important. Pour nouer entre les perles, il vous faut une alène à perles (une épingle de corsage fait tout aussi bien l'affaire), un cordon de soie ou de nylon pourvu d'une épingle torsadée et votre sélection de perles.

1. Finissez d'abord un bout de votre cordon avec la technique de votre choix. La technique à embouts de serrage convient bien pour cela.

2. Une fois le collier commencé, enfilez votre première perle dans l'épingle torsadée fixée au cordon et poussez-la jusqu'au bout du collier.

3. Faites un demi-nœud lâche [A].

4. Insérez votre alène à perles dans le nœud lâche [B].

5. Ensuite, utilisez une main pour pousser l'alène et le nœud vers la perle et tenez le cordon de l'autre main, jusqu'à ce que l'alène et le nœud soient tout contre la perle [C].

6. En gardant le nœud tout contre la perle, retirez délicatement la pointe de l'alène hors du nœud et utilisez immédiatement vos doigts pour pousser le nœud contre la perle.

7. Répétez le procédé pour chacune des perles que vous voulez séparer par un nœud.

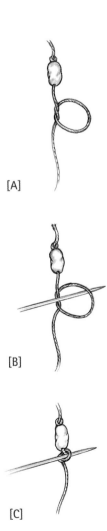

[A]

[B]

[C]

annuaire des artistes

A

Jennifer Ackerman, Dillon Designs
0343, 0375

Marcia Acker-Missall
0251, 0264, 0303, 0378

Adorn, Sandy Snead
0478, 0483, 0562, 0777, 0788, 0791

Cynthia Alvarez, Calumey Designs
0865

Nancy Anderson, Sweet Bird Studio
0323, 0328, 0329, 0330, 0331, 0332, 0369, 0379, 0396, 0400, 0401, 0959

Julia Andrus
0342, 0345, 0365, 0630

Ann Antanavage, Miss Dancey Pants
0476, 0525, 0547, 0559, 0591

Armour Sans Anguish
0610, 0615, 0649, 0816, 0835

Agnes Arucan
0096, 0097, 0109, 0178, 0194, 0195

Cheri Auerbach
0028, 0143, 0152, 0176, 0239, 0283

B

Carol A. Babineau, Art Clay Studio
0009, 0825

Sarah J. Babineau
0258

Betsy Baker, Stonehouse Studio
0449, 0458, 0480, 0495, 0496, 0500, 0515, 0561, 0567, 0571, 0572

Dawn Barker, Hardflower Studios
0299, 0455, 0470, 0497, 0501, 0502, 0503, 0505, 0508, 0509, 0521, 0538, 0545, 0570, 0582

Janet Baskerville, JBask Arts
0136, 0175, 0193, 0317, 0361, 0380, 0384, 0419, 0431, 0605. 0606, 0666, 0722, 0723, 0728, 0740, 0764

Joanne Strehle Bast
0237, 0240

Bead Jewelry by Shopgirl
0014, 0015, 0016, 0017, 0034, 0036, 0105, 0106, 0111, 0112, 0113, 0117, 0123, 0135, 0134, 0145, 0170, 0174, 0219, 0519, 0534, 0924

Darleen Bellan, Kissmystamp Designs
0456, 0602

Belle Pour La Vie, bellepourlavie.com
0138, 0141, 0180, 0233, 0814, 0826, 0948, 0971

Jana Roberts Benzon
0499, 0563, 0573, 0574, 0575, 0576, 0577

Tanya Besedina
0584

Lesya Binkin
0553, 0578

Jill Bliss, blissen.com
0790, 0836

Jodi Bloom
0643

Deborah Bogdan, Flawed Flock
0417

Amy Boling
0026, 0083, 0084, 0975

Shari Bonnin
0027, 0029, 0429, 0756, 0763, 0871

Laura Bracken
0889

Victoria Button
0661

C

Terry L. Carter
0025

Donna Garside Cason
0434, 0863

Dawn Ceccacci
0250, 0937

Ruby Chan
0815, 0862

Ai-Ling Chang
0800

Cursive Design
0774, 0827, 0832, 0858

D

Kay Daniels, Kay Designs
0211

Teri Deginstien, Midnightbluart
0399, 0410, 0415, 0461, 0695

Maria Diana
0467, 0471, 0522

Elizabeth Dickinson
0718, 0877

Andrea Dreyer
0655, 0656, 0657, 0658, 0659, 0660

Dana Lynn Driscoll
0252, 0280, 0704, 0708

Julie Dutt, Julie*Ann Handmade Goods
0558, 0586, 0588, 0595

E

Ivory Eileen, Paper Organics Jewelry
0333, 0334, 0335, 0336, 0337, 0382, 0388, 0393. 0433, 0691

F

Rhona Farber, overthemoonjewelry.com
0064, 0215, 0308

Tara Feeney, leviticusjewelry.com
0680, 0681

Kate Ferrant
0230

Marie F. Fiedrich, Cerca Trova
0038, 099, 0129, 0132, 0133, 0203, 0216, 0305

S

Sandra Salamony
0608, 0628, 0714

Diana Samper
0048, 0052, 0298, 0301, 0805, 0808, 0848

Randi Samuels
0102, 0940, 0944

Pam Sanders
0377, 0381, 0507, 0532

Iris Sandkühler
0946

Laura Santone, SHESHA
0693, 0697, 0706, 0710, 0736, 0737

Gretchen S. Sarrazolla
0879

Erin Sargeant, Like a Fox
0116, 0196, 0217, 0654, 0675

Lynne Ann Schwarzenberg
0443, 0451, 0475, 0511, 0540, 0542

Lori Scouton
0445, 0446, 0447

Jill Sharp
0994

Tamara Shea, Block Party Press
0462, 0466, 0468, 0474, 0477, 0520, 0526, 0527, 0531, 0533, 0535

Zona Sherman, Twirl Girl Fibers
0821, 0864

Jennifer Shibona
0043

Elena Mary Siff, elenamary.etsy.com
0376, 0672, 0703, 0717

Mary L. Soisson, belledesigns.net
0003, 0185

Beatriz Souza
0686, 0912

Stephanie Riger Jewelry, stephanieriger.com
0304, 0766

Candy Still
0464, 0479, 0484, 0536, 0543, 0552

Clare L. Stoker-Ring
0949, 0951

Stonz
0049, 0050, 0053

Lindsay Streem
0153, 0771, 0772, 0778, 0795, 0803, 0806, 0845, 0855, 0859

Studio47West
0150, 0163, 0271, 0277

Studio Bijou
0465, 0544, 0564, 0565

Patricia Summers, owlfeathersandfluff.com
0890, 0931, 0979, 0993

Tracy Sutherland, Orange Starfish Designs
0983

Jennifer Syfu
0037, 0080, 0188, 0256, 0261, 0296

T

Rebecca Tenace, clayartist.net
0524, 0530, 0555

Theresa Mink Designs
0057, 0063, 0197, 0266, 0641, 0894

Renee Thomas
0139, 0943

Tracy H. Thomasson
0071, 0354, 0966, 0967

tigergirl.etsy.com
0349, 0358, 0626, 0645, 0667, 0673, 0678

Tomate D'Epingles, Guylaine Martineau, tomatedepingles.etsy.com
0727

Phaedra A. Torres, Lluvia Designs
0039, 0044, 0120, 0147, 0189, 0352, 0355, 0356, 0385, 0386, 0387, 0398, 0426, 0435, 0494, 0624, 0699, 0715, 0719, 0813

Tara Turner
0751, 0962

V

Bruna Vasconcelos
0310, 0351, 0649

Michela Verani
0408, 0440, 0518, 0601, 0625

W

Jackie Waik-Atiya
0589, 0596, 0809, 0952

Wandrdesign by Wendy
0046, 0902

Wandrwedding by Wendy
0199, 0775, 0776

We Dream in Colour
0394, 0413, 0420, 0430, 0646, 0685, 0688, 0973

Lisa Weber, Crystal Woman Jewelry
0872, 0887, 0954, 0969, 0987

The Weekend Store by Adjowah Brody
0418, 0721, 0724, 0731, 0738, 0741, 0742, 0747, 0928

Mitzi Weiland
0713

Bobby Wertman
0915

Jeanne Wertman
0850

The White Sheep
0765, 0785, 0851

Ann Widner
0319, 0346

Kiona Wilson, Lucky Accessories
0209, 0235, 0402, 0614, 0953

Susan D. Wimbley
0183, 0204

Denise Witmer
0618

Wound Around Jewelry, K. Yearwood
0878

Y

Yael Miller Design
0100, 0171, 0895, 0916, 0963

Shiho Yamashita
0243, 0276

Z

Jenny Zhou
0907

Vickie Zumpf
0320, 0362

ressources

QUÉBEC

1001 BILLES
1777, boul. St-Martin O., Laval
Tél. : 450 934-0691
www.milleetunebilles.com

ABRA-KAD-ABRA
763, av. Mont-Royal E., Montréal
Tél. : 514 524-7895
abra-kad-abra.com

AUX CACHETTES DE COLETTE
3, rue St-Joseph, Varennes
Tél. : 450 652-9654
www.auxcachettesdecolette.com

BEAD BOX
17-B, rue Cartier, Pointe-Claire
Tél. : 514 697-4224
www.beadbox.ca

BEAD IT
4930, rue Sherbrooke O., Montréal
Tél. : 514 481-1375
www.beadit.com

BEADS PLANÈTE INC.
7348, rue St-Hubert, Montréal
Tél. : 514 223-1000
www.beadsplanete.com

BIDZ
3945-A, rue St-Denis, Montréal
Tél. : 514 286-2421
www.bidz.ca

BILLES ET BIJOUX
Boutique en ligne
www.billesetbijoux.com

BOUTIQUE ROULE TA BILLE
46, rue St-Alexis, Charlemagne
Tél. : 450 581-7000
www.boutiquerouletabille.com

CHATON BEADS
www.chatonbeads.com

  Montréal
  7541, rue St-Hubert
  Tél. : 514 278-8989

  Montréal
  4522, rue St-Denis
  Tél. : 514 658-9011

  St-Hubert
  3647, boul. Taschereau
  Tél. : 450 445-4344

  Laval
  1265, boul. Curé-Labelle
  Tél. : 450 687-4411

  Pierrefonds
  15704, boul. Pierrefonds
  Tél. : 514 620-1919

CLUB BEAD PLUS
65, boul. Crémazie O., Montréal
Tél. : 514 389-1616
Sans frais : 1 800 214-4123
www.clubbeadplus.com

EMPORIUM DE PERLES DE MONTRÉAL INC.
368, av. Victoria, Westmount
Tél. : 514 486-6425

FRABELS INC.
5580, rue Paré, Montréal
Tél. : 514 842-8561
www.frabels.com

IMAGINARIUS
4901, boul. St-Charles, Pierrefonds
Tél. : 514 784-1428
www.imaginarius.ca

JADE DE PRINTEMPS
3809, rue St-Denis, Montréal
Tél. : 514 844-8880

LA BILLERIE
12, rue Gill, Granby
Tél. : 450 372-2525
labillerie.com

LA PERLERIE ST-EUSTACHE
136, 25ᵉ Avenue, St-Eustache
Tél. : 450 491-1930
www.perlerie.ca

L'ATELIER D'ANGÉLYNE
155, rue Richelieu, St-Jean-sur-Richelieu
Tél. : 450 357-1649
www.atelierangelyne.ca

LE FILON D'ART
138, rue Fusey, Trois-Rivières
Tél. : 819 373-5757
filondart.com

LES MOUSTARTS
834, rue Notre-Dame, Repentigny
Tél. : 450 581-1909
www.bijouxrepentigny.com

LILI LES BILLES
Boutique en ligne
www.lililesbilles.com

L'OISEAU BLEU
www.loiseaubleu.com

Laval
3932, autoroute 440 O.
Angle boul. Curé-Labelle
Tél. : 514 527-3456

Montréal
4146, rue Sainte-Catherine E.
Tél. : 514 527-3456

Saint-Hubert
1651, boul. des Promenades
Tél. : 514 527-3456

LOISIRS & FANTAISIES
172, boul. St-Joseph, St-Jean-sur-Richelieu
Tél. : 450 349-2711
www.loisirsetfantaisies.com

MILLE ET UNE BILLES 2006 INC.
191, rue Principale, Saint-Sauveur
Tél. : 450 227-9008

OMER DE SERRE

Boisbriand
Faubourg Boisbriand
3140, av. des Grandes-Tourelles
Tél. : 450 435-8464

Brossard
Quartier Dix30
9750, boul. Leduc
Tél. : 450 445-2465

Chicoutimi
1830, boul. Talbot
Tél. : 418 549-5547
Sans frais : 1 800 207-5547

Gatineau
Les galeries Gatineau
920, boul. Maloney O.
Tél. : 819 246-9640

Laval
1604, boul. de l'Avenir
Tél. : 450 682-8707

Montréal

Marché central
1001, rue du Marché central
Tél. : 514 908-0505

Place Montréal Trust
1500, av. McGill College
Tél. : 514 938-4777

Saint-Léonard
6747, rue Jean-Talon E.
Tél. : 514 254-3784

Sainte-Catherine
334, rue Sainte-Catherine E.
Tél. : 514 842-3021

Université Concordia
1515, rue Ste-Catherine O., Niveau Métro
Tél. : 514 908-1876

Pointe-Claire
Méga Centre des Sources
2325-F, route Transcanadienne
Tél. : 514 694-5231

Québec
Galeries de la capitale
1505, boul. Lebourgneuf
Tél. : 418 266-0303

Saint-Hubert
4055, boul. Taschereau
Tél. : 450 443-6669

Sainte-Foy
Place Sainte-Foy
2580, boul. Laurier
Tél. : 418 650-1500

Sherbrooke
2915, boul. de Portland
Tél. : 819 563-4811

Trois-Rivières
1360, boul. des Récollets
Tél. : 819 372-3818

PERLERIE BEADSBILLES
11649, boul. Gouin O., Pierrefonds
Tél. : 514 472-0467

TOUT POUR CRÉER VOS BIJOUX
Boutique en ligne
www.toutpourcreervosbijoux.com

ONTARIO

BEADFX
128, Manville Rd, suite 9, Scarborough
Tél. : 416 701-1373
Sans frais : 1 877 473-BEAD (2323)
www.beadfx.com

CANADA BEADING SUPPLY
12-210, Colonnade Rd. South, Ottawa
Tél. : 613 727-3886
Sans frais : 1 800 291-6668
www.canbead.com

RAINBOW MINERALS & BEADING
2255, Gladwin Crescent, Ottawa
Tél. : 613 733-8440
Sans frais : 1 800-469-4697
www.rainbowminerals.com

ÉTATS-UNIS

ARTBEADS
11901, 137th av. Ct. KPN, Gig Harbor, Washington
Sans frais : 1 866 715-BEAD (2323)
www.artbeads.com

FIRE MOUNTAIN GEMS
www.firemountaingems.com

remerciements

D'abord et avant tout, tous mes remerciements sans réserve à Mary Ann Hall, une merveilleuse éditrice et amie. Ses suggestions et son enthousiasme ont stimulé ma passion pour ce livre du début à la fin. J'exprime ma gratitude aussi à l'équipe solide comme le roc de Quarry – David, Kevin, Cora, Allyson et les autres – qui a participé par son professionnalisme et son assistance en cours de route.

Merci aussi à Al Mallette de Lightstream pour avoir photographié les propositions de bijoux pour ce livre.

Ma mère, Karen Silfven, a donné son coup de main en veillant sur l'organisation des matériaux et le travail administratif, une tâche énorme quand 1000 bijoux sont en jeu. Merci, maman !

L'Internet a beaucoup changé la manière de faire les livres. Je dois adresser des remerciements spéciaux à etsy.com, le chez-soi en ligne où de petits fabricants de bijoux comme moi peuvent trouver un lieu branché sur le monde entier où vendre leurs créations.

Finalement, ce serait une négligence de ma part de ne pas remercier mes amies et ma famille, Holly Harrison et ma sœur Gina Brown en particulier, toutes deux combinant une créativité débordante avec un sens commun et pratique.

à propos de l'auteure

Sandra Salamony est une artiste, directrice artistique et graphiste qui conçoit ses propres bijoux depuis l'enfance. Ses peintures à l'encaustique ont été exposées dans diverses galeries à travers les États-Unis. Elle a conçu des projets d'artisanat et de décoration intérieure pour de nombreux livres et magazines et elle a été invitée à la télévision pour présenter des projets d'artisanat. De 2004 à 2007, elle a été aussi l'éditrice et la directrice de création de *Sky and Telescope's Beautiful Universe*, une publication internationale vendue en kiosque et présentant une collection exceptionnelle d'images astronomiques. Récemment, elle a emménagé sur les rives accueillantes du lac Michigan, où elle partage l'espace de son studio avec son chat très urbanisé qui se familiarise désormais avec le mode de vie plus sauvage du nord du Michigan.

On peut voir son œuvre artistique et ses bijoux à SandraSalamony.com.